도은진

대학을 졸업하고 남편과 함께 스페인 바르셀로나에서 10년, 파리에서 5년간 머물렀다. 지금은 서울과 파리를 오가며 패션 크리에이티브 디렉터로 활동하고 있다. SNS를 통해 공개된 그녀의 라이프스타일은 많은 이들에게 '화보 같은 일상'이라는 찬사를 받으며 인기를 끌었고, 그녀가 자주 찾는 장소와 패션 아이템 또한 늘 화제가 되었다.
2016년부터는 유럽을 베이스로 한 패션 브랜드 엘보른ELBORN을 이끌고 있으며, 지은 책으로는 바르셀로나의 보석 같은 공간들을 소개하는 여행서 [En Spain]이 있다.

Instagram @elborn_doris

Elegance is

What makes a woman elegant

Elegance is

What makes a woman elegant

도은진 지음

오브바이포
Of By For

현대인의 삶은 너무나 급하고 분주하다.
우리는 너무 많이 일하고, 우리를 둘러싼 환경은
끊임없이 주의를 분산시킨다. 내가 우아함에 관해 탐구해
보겠다고 결심했을 때는 아이러니하게도 브랜드를
리뉴얼하느라 바쁘고 여유가 없었던, 우아함과는 가장
거리가 먼 시기였다. 매일 정신없이 쏟아지는 일들을
처리하느라 몸과 마음이 지쳤을 때, '우아하게 살고 싶다'는
내면의 열망은 더욱 강렬해졌다.

'우아하다'는 것은 무엇일까? 스코틀랜드의 철학자
토머스 리드Thomas Reid는 "최후의, 그리고 가장 고상한
아름다움이 우아함이다"라고 말한 바 있다.
우아함은 단지 겉모습뿐만 아니라, 마음과 정신,

가치관까지 포함하는 덕목이다. 고대 사람들은
'지성과 잘 단련된 몸, 그리고 상대를 배려하는 이해심'을
우아함의 필수 요소로 꼽았다. 내면의 성장을 위해
지성을 가꾸고, 건강한 정신을 위해 신체를 훈련하고,
타인을 배려하고 존중하는 태도를 시대를 막론하고
가장 의미 있는 가치로 여긴 것이다.

모든 것이 빠르게 돌아가는 21세기에, '우아함'이라는
가치를 되새겨 보는 것이 과연 적절할지 고민했다.
하지만 '우아함이란 가치가 시대와 어울리지 않는가'라는
질문에 나는 자신 있게 고개를 저을 수 있었다.
우아하지 못한 시대를 살아가기에, 우리가 이 가치에
더욱 주목해야 하는 건 아닐까.

또한 과거에 추구하던 우아함과 이 시대에 맞는
우아함에는 분명한 차이가 있을 것이다.

이 책을 쓰는 동안 '우아함'이야말로 인간이 추구해야 할
가장 멋진 가치라는 생각이 더욱 확고하고 선명해졌다.
우아한 사람이 되기 위해 나만의 스타일을 찾고,
내면의 성장을 꿈꾸고, 주변 사람들을 배려한다면,
이것이야말로 우리를 한 걸음 더 발전시키는 훌륭한
동기부여가 될 것이다. 조금 더 우아한 사람이 되기 위해
노력하는 과정에서 우아함은 어느새 우리 안에
자연스럽게 스며들어 반짝반짝 빛을 발하리라.

이 책에는 내가 생각하는 우아함의 31가지 빛깔을 담았다.

우아한 패션이나 스타일에 관한 탐구를 넘어

삶의 자세와 세상을 바라보는 시선으로까지 방향이

확장되었다. 이 책을 읽는 당신도 자신만의 방식으로

우아함에 대한 정의를 내려보길 바란다.

2022년 늦가을, 도은진

Prologue *004*

001	엘레강스, 세상 모든 멋진 형용사의 교집합	*011*
002	빈티지 와인과 같은 우아함	*021*
003	오드리 헵번의 리틀 블랙 드레스처럼	*031*
004	스타일도 결국 사람으로부터 시작되는 것	*041*
005	어제보다 오늘, 더 매력적인 사람이 되는 법	*049*
006	한 번 더 눈길이 머무는 이성異姓	*059*
007	고양이의 우아함에 관하여	*067*
008	베스트셀러와 스테디셀러	*077*
009	공간의 철학	*085*
010	버지니아 울프와 혼자만의 시간	*095*
011	우울한 우아함은 없다	*103*
012	보통 사람이 만들어가는 행운	*111*
013	ASMR 같은 일상	*119*
014	누가 뭐라든 당당할 수 있는 용기	*127*
015	몰입의 불꽃	*135*

016	나를 위한, 웨어러블 웨어	*145*
017	누구를 만날 것인가	*153*
018	햇살을 닮은 '그라시아스' 유쾌한 '비즈'	*161*
019	행복의 한쪽 문이 닫힐 때	*171*
020	우연이 가져다준 선물	*181*
021	어제보다 오늘 조금 더	*195*
022	생각의 잡초 대신 상상의 꽃 피우기	*205*
023	작고 사소한 것의 아름다움	*213*
024	블루의 오묘함에 대해	*225*
025	옷을 입는다는 것	*233*
026	대체할 수 없는 개성	*241*
027	절제된 표현의 여운	*247*
028	신념을 가진 자의 아름다움	*257*
029	오늘만 욕심부리는 사람	*265*
030	도전하는 우아함, 샤넬	*275*
031	나만의 향기를 찾는다는 것	*283*

001

Elegance is

**What makes
a woman elegant**

엘레강스,
세상 모든 멋진 형용사의 교집합

———

That which is striking and beautiful is not always good,

but that which is good is always beautiful.

눈부실 만큼 아름다운 것이

언제나 좋은 것은 아닙니다.

그러나 좋은 것은 언제나 아름다워요.

_Ninon de Lenclos 니농 드 랑크로

10여 년간 다양한 옷을 만들어 세상에 내보내는 동안

내가 궁극적으로 추구하는 것은 무엇인지 늘 고민해왔다.

최근에는 이 고민이 패션에 관한 생각을 넘어

라이프스타일과 삶의 방향으로까지

확장되어가는 느낌이다. 가끔 내가 만든 옷을 입은

사람들의 모습을 상상해보곤 한다.

그들은 어떤 이유로 이 옷을 선택했을까?

이 옷을 통해 어떤 이미지를 표현하고 싶었을까?

이 옷을 입고 어떤 장소에 가고 싶었을까? 이런 생각은

내가 처음 노트에 자유롭게 이미지를 스케치하던

순간까지 이어진다. 그때 내가 어떤 이미지를

담고 싶어 했는지도 떠올려본다.

스타일마다 영감을 받은 포인트는 조금씩 다르지만,

그것을 아우르는 하나의 단어를 골라야 한다면 나는
망설임 없이 엘레강스Elegance, 우아함을 선택할 것이다.
누군가 나의 옷에 관해 평할 때도 다른 어떤 말보다
"당신이 만든 옷은 참 우아해요."라는 칭찬이 가장 기분 좋다.

문득 이 단어에 담겨 있는 의미를 알고 싶었다.
우리는 언제 '우아하다'는 말을 쓸까? 우아한 몸가짐,
우아한 의상, 우아한 말투, 우아한 표정, 우아한 색감,
우아한 일상 등 '우아하다'란 단어는 일상에서
폭넓게 사용된다. 하지만 막상 이 단어를
정의해보라고 하면 한마디로 단정 짓기는 쉽지 않다.
먼저 '우아하다'라는 말의 사전적 의미를 살펴보자.

**What makes
a woman elegant**

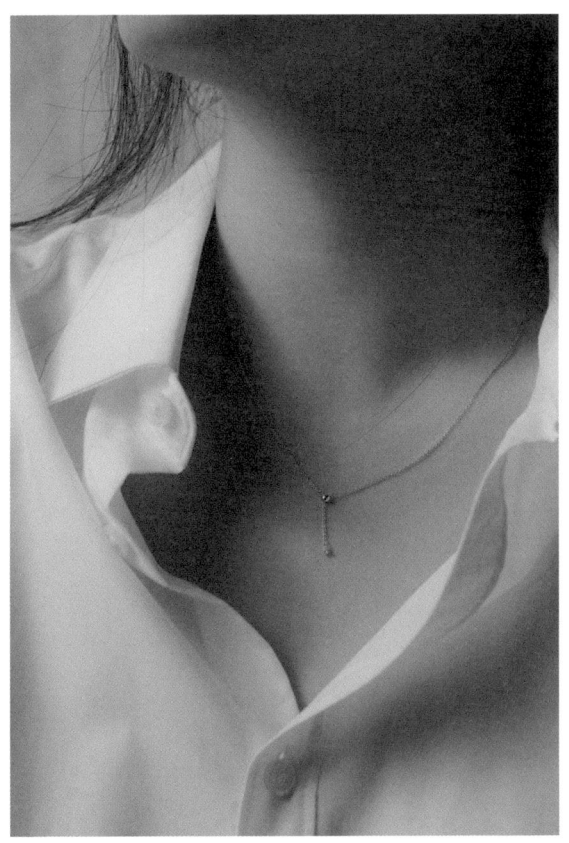

[표준국어대사전]

1. 형용사 | 고상하고 기품이 있으며 아름답다.

[동아출판 프라임 영한사전] elegance[éliggns(i)}

1. 명사 | 우아, 고상(grace, refinement)

2. 명사 | [보통 pl.] 우아[고상]한 것, 점잖은[단정한] 말[몸가짐]

3. 명사 | (과학적인) 정밀함, (사고·증명 등의) 간결함

[옥스퍼드 영어 사전]*

1. 외모, 매너, 복장에 있어 좋은 훈육(well-breeding)에 의해 정제, 세련되어진 고급의 좋은 취향(good taste)

———

* 1989년 편찬본

**What makes
a woman elegant**

[디지털 한자사전] 優雅 우아

아름다운 품위(品位)와 아취(雅趣)

[오픈사전] 엘레강스 elegance. 우아하다는 뜻으로 그중에서도

고급스럽게 우아하며, 약간 오만하다는 분위기를 풍김

고상함, 기품, 아름다움, 점잖음, 고급, 품위라는

멋진 수식어들이 가득 등장한다. 모두 '우아'라고 하면

떠오를 만한, 고개를 끄덕일 수 있는 이미지다.

사전 속 단어 중 '간결'과 '정제'라는 표현에 특히 눈길이

간다. 복잡하지 않은 단순함, 불순물을

없애 물질을 더욱 순수하게 만든다는 말이 우아함의 숨은

가치를 내포하고 있지 않은가. 한자를 살펴보니 넉넉할,

001

'우아하다'란 단어의 사전적 의미 중
'간결'과 '정제'라는 단어에 특히 눈길이 간다.
불순물을 없애 물질을 더욱 순수하게 만든다는
뜻이 우아함의 숨은 가치를 내포하고 있지 않은가.

Elegance is

**What makes
a woman elegant**

뛰어날 우優와 맑을, 바를 아雅로 해체된다.
결국 여유로움과 단정함도 '우아'의 이미지에
포함될 수 있는 게 아닐까? 이렇게 사전을 뒤져 나름대로
단어를 정리하고 보니 누군가에게 붙일 수 있는
모든 품격 있고, 아름답고, 멋진 이미지가 '우아'라는
두 글자에 모아지는 것만 같다. '우아하다'와 비슷한 말로는
세련되다, 멋지다, 고결하다 등을 들 수 있겠지만,
우아하다는 이미지와는 조금 결이 다른 느낌이다.

결국 누군가 갖출 수 있는 최고의 분위기, 아름다움,
손에 넣고 싶은 이미지, 선망의 대상까지 세상 모든
멋진 형용사의 교집합이 '우아하다'라는 말임을
깨닫는 순간, '우아함'을 더 탐색하고 연구하고
고민하고 싶어졌다.

002

Elegance is

**What makes
a woman elegant**

빈티지 와인과 같은 우아함

A beautiful form is better than a beautiful face.

A beautiful behavior is better than a beautiful form.

아름다운 자태는 아름다운 얼굴보다 낫고

아름다운 행동은 아름다운 자태보다 낫습니다.

_Ralph Waldo Emerson 랄프 왈도 에머슨

미美의 기준, 여성의 지위, 종교의 가치 등 많은 것들이
시대에 따라 변하는 것처럼 우아함도
여러 세대를 거치면서 과거와는 다른 상징성을 갖는다.
과거의 우아함이 조신한 몸가짐과 여성스러운 제스처,
세련된 라이프스타일 등에 한정되었다면,
현대의 우아함은 조금 다른 빛깔을 띤다.
2022년의 우아함에는 온전히 자기 자신이 될 수 있는
당당함, 스스로의 장점과 단점을 바로 알고 자기답게
표현할 줄 아는 자유로움, 자신에 대한 믿음을 바탕으로 한
유연함이 기본적으로 깔린 듯하다.

**What makes
a woman elegant**

과거에는 어릴 때부터 교육에 의해 몸에 밴 습관과
말투 등에서 우러나는 '형식'을 우아함으로 보았다면
지금은 건강하고 개성 있는 태도와 마음가짐이
하나로 합쳐진 '조화'의 상태에서야
비로소 우아함이 빛을 발하는 것 같다.

우아함이란 단순히 시각적으로 보이는 것만을
말하는 것일까? 아니다. 우아함이란 청각, 후각 등 오감을
통해 느껴지는 일종의 아우라다.
그 사람 주위로 은은하게 퍼져나가는 분위기, 정서,
사전적 의미에서 보았던 아취雅趣,
고아한 정취 또는 취미다.

**What makes
a woman elegant**

온전히 자기 자신이 될 수 있는 당당함,
자기답게 표현할 줄 아는 자유로움,
자신에 대한 믿음을 바탕으로 한 유연함이
21세기식 우아함의 기본 요소일 것이다.

**What makes
a woman elegant**

지적이다, 예쁘다, 날씬하다….

이런 말과는 달리 우아하다는 단어는 단편적인

이미지만을 지칭하지 않는다. 그 사람이 가진

가치관과 철학, 삶에 대한 태도, 거기에서 우러나는

행동 등 모든 것이 잘 버무려지고 조화를 이루고서야

서서히 모습을 드러내기 시작한다. 시간이 쌓이고 쌓여

완성되어가는 빈티지 와인 같은 것,

그래서 더 향기롭고 가치 있는 것,

그게 바로 우아함일 것이다.

우아함이란 당장 만들 수 있는 것이 아니라

많은 것이 조화를 이뤄 '자연스럽게' 묻어나는 것,

그리고 계속해서 배워나가며

발전해나가는 것이다.

잡힐 듯 하면서도 손에 잡히지 않는 말 같다.

하지만 그래서 더 갖고 싶어진다.

제발 나를 사랑해달라고 매달리는 사람보다

'가질 수 있으면 가져봐'라는 당당함으로

'밀당'하는 연인에게 더 끌리는 것처럼.

**What makes
a woman elegant**

003

Elegance is

**What makes
a woman elegant**

오드리 헵번의
리틀 블랙 드레스처럼

———

Elegance is the only beauty that never fades.

우아함은 결코 퇴색되지 않는 유일한 아름다움입니다.

_Audrey Hepburn 오드리 헵번

우아함이 보이는 것만을 의미하는 건 아니지만,
많은 사람이 우아하다고 느끼는 패션은 분명 존재한다.
시대를 초월한 클래식한 우아함을 생각하면
가장 먼저 오드리 헵번과 그녀의
'리틀 블랙 드레스Little Black Dress'가 떠오른다.

마를린 먼로처럼 풍성한 볼륨감을 자랑하는
여성들이 사랑받던 1960년대, 큰 키에 깡마른 몸매의
소유자였던 오드리 헵번은 심플하면서도
담백한 실루엣의 패션으로 자신만의 스타일을 구축했다.
영화 〈티파니에서 아침을〉에서 오드리 헵번이 입었던
지방시Hubert de Givenchy의 블랙 시스 드레스sheath dress는
굵은 진주 목걸이,

**What makes
a woman elegant**

**What makes
a woman elegant**

업스타일 헤어, 우아한 애티튜드와

결합하여 오늘날까지 패션의 기본 공식처럼

여겨지는 고전이 되었다.

현대 패션에서 엘레강스의 요소를 떠올린다면

페미닌도 매니시도 아닌, 다시 말해

디테일과 라인이 어느 한쪽으로 치우치지 않고,

곡선과 직선이 자유자재로 조화를 이룬

디자인이라고 생각한다.

지나치게 왜곡된 라인이나 화려한 장식은 순간적으로는

예뻐 보일지 모르지만, 시간이 지나고 트렌드가 바뀌면

어딘가 어색해 보인다. 많은 예술가들이 칭송하는

'가장 단순한 것이 아름답다'는 말도 같은 맥락일 것이다.

컬러도 마찬가지라고 생각한다.

개인적으로 너무 강렬한 컬러보다는 블랙, 아이보리, 베이지와 같은 무채색 톤을 좋아한다. 무채색 계열은 유행을 잘 타지 않고, 몇 년이 지나도 다른 아이템과 매치하기 쉽기 때문이다. 하지만 누가, 어떤 디자인의 옷을, 어떤 상황에서 입느냐에 따라 때론 강렬한 레드나 금빛 드레스도 충분히 우아할 수 있다.

그게 바로 사람이 가진 매력의 힘이다.

파리에서 만난 이들 중 옷을 정말 과감하게 입는 '이네스'라는 친구가 있다. '과감하게 입는다'는 의미는 과장된 옷을 입거나 몸매를 드러낸다는 의미가 아니다.

**What makes
a woman elegant**

오히려 어떤 옷을 입어도 자신만의 스타일로

소화한다는 의미에 가깝다. 한창 일자 라인의 몸에

꼭 맞는 코트가 유행할 때, 그녀는 어깨가 각진

오버사이즈 코트의 깃을 세우고 모임에 참석했다.

분명 유행과는 흐름이 달랐지만, 그녀는 모임의

다른 어떤 이들보다 당당하고 아름다웠다.

마치 오래된 영화의 여주인공이 우아하게

걸어들어오는 것만 같았던 모습에, 과장 좀 보태서

주변 사람들이 모두 압도당했다.

그 모습이 무척 인상적이었던 나는 그녀를 다시 만났을 때,

"당신의 코트가 무척 인상적이었어요.

영화 속 주인공처럼 멋졌거든요."라고 인사를 건넸다.
그러자 그녀는 "그 코트는 20년도 지난, 사람으로 치자면
할머니 같은 옷이에요. 그런데 난 그 오래된 코트가
참 좋아요."라며 미소를 지었다.
옷을 입을 때 유행을 따르는 것도 좋지만
중요한 것은 자신에게 어울리는 컬러와
스타일을 찾되, 그에 필요한 품격 있는 애티튜드를
갖추는 것이라는 사실을 오드리 헵번을 통해,
그리고 그녀를 통해 다시 한번 깨달았다.

004

Elegance is

**What makes
a woman elegant**

스타일도 결국
사람으로부터 시작되는 것

**To me, clothing is a form of self-expression.
There are hints about who you are in what you wear.**

나에게 옷이란 자기표현의 한 형태입니다.

당신이 입은 옷 안에 당신이 누군지에 대한 힌트가 있어요.

_Marc Jacobs 마크 제이콥스

오랜만에 몸도 마음도 여유로웠던 저녁,
우디 앨런 감독의 2013년 영화 〈블루 재스민〉을 보았다.
영화의 주인공인 재스민은 유능한 사업가인 할과 결혼해
뉴욕의 고급 저택에 살면서 쇼핑과 파티를 즐기는
여성이다. 남부럽지 않게 생활하던 그녀는 어느 날
남편의 외도 사실을 알게 된다. 순간적으로 이성을 잃은
그녀는 남편은 물론 자신까지 나락으로 떨어트리는 행동을
하고 만다. 결국 하루아침에 빈털터리 신세가 되어 갈 곳이
없어진 재스민은 샌프란시스코의 차이나타운에서 살고 있는 여동생의 집에 얹혀살게 된다.

영화를 보면서 현대 희곡의 거장인 테네시 윌리엄스의
《욕망이라는 이름의 전차》가 생각났는데,

004

Elegance is

**What makes
a woman elegant**

알고 보니 이 작품을 오마주한 영화라고 한다.
《욕망이라는 이름의 전차》가 세계대전 이후 산업화에
적응하지 못하고 몰락해버린 미국 남부 상류층 여성의
비극적인 삶을 그렸다면, 〈블루 재스민〉은 금융위기
이후 재기에 성공하지 못한 현대인의
고독함과 쓸쓸함을 그린다.

케이트 블란쳇은 〈블루 재스민〉으로 수많은 영화제에서
여우주연상을 휩쓸 만큼 독보적인 연기를 펼쳤다.
이상하게도 영화 속 재스민은 신경쇠약증에 걸려도,
눈물로 마스카라가 얼룩져도,
술을 마셔 잔뜩 취한 상태에서도, 화를 낼 때도
우아해 보인다. 영화의 설정이나 케이트 블란쳇의 연기가

뛰어난 이유도 있겠지만, 그녀가 착용했던 과한 장식
없는 심플한 실루엣의 의상도 크게 한몫했다고 생각한다.
모든 의상을 몸에 착 감듯 소화하는 그녀가 얼마나 멋지고
우아해 보이던지…. 케이트 블란쳇이 이처럼 우아한
스타일을 완벽하게 소화할 수 있는 이유도 그녀만의
개성과 아우라가 있기 때문일 것이다.
하나 남은 샤넬 재킷을 요리조리 돌려 입는 궁색한
모습마저도 우아해 보이도록 하는 그녀의 힘이란!

'본래 패션은 시간이 지나면 우스꽝스럽게 여겨지지만,
그럼에도 엘레강스한 패션은 항상 아름답다'는 말처럼
엘레강스란 영속적인 미적 가치의 표본으로 여겨진다.

**What makes
a woman elegant**

그렇다면 엘레강스하게 입기 위해서는 어떻게 해야 할까?

내가 옷을 만들면서 늘 고민하는 지점이다.

스타일은 쉽게 만들어지지 않는다.

옷도 쇼핑을 많이 해보고, 많이 입어본 사람이 자신의

스타일을 잘 살릴 수 있다. 어느 날 갑자기

'오늘부터 나는 우아하게 입겠어'라고 결심한다고 해서,

혹은 '저 사람 스타일이 우아해 보이니

나도 저렇게 입겠어'라고 생각해서 그대로 따라 입어도

절대 똑같은 느낌이 나지는 않는다.

옷이 어딘지 모르게 겉돌고 만다.

스타일은 결코 하루아침에 만들어지지 않는다.

우아한 사람 역시 저절로 만들어지지 않는다.

005

Elegance is

**What makes
a woman elegant**

어제보다 오늘,
더 매력적인 사람이 되는 법

Beautiful young people are accidents of nature,

but beautiful old people are works of art.

젊고 아름다운 사람은 자연의 우연한 산물이지만,

나이가 들어도 아름다운 사람은 하나의 예술 작품과도 같아요.

_Eleanor Roosevelt 엘레노어 루스벨트

파리에서는 날씨가 화창한 날이면 노부인들이
야외 카페에서 커피나 홍차를 즐기는 모습을
종종 목격할 수 있다. 그런데 그들의 옷차림을 보면
감탄이 절로 나온다. 어쩌면 그렇게 자신에게 어울리는
색감과 스타일을 잘 아는지,
그들의 유전자 안에는 엄청난 미적 감각의 DNA가
흐르고 있는 게 아닐까 생각해본다. 누군가는 카페에서
차 한 잔 마시는데 옷차림에 신경을
쓸 필요가 있을까 생각할지 모르지만, 프랑스 사람들은
한 달에 한두 번 정도는 한껏 드레스-업dress-up을 하고
외출하기를 즐긴다. 아름답게 꾸민 노부인들이 따뜻한
햇살을 만끽하며 담소를 나누거나 하나둘 거리의 가로수
등이 켜지는 해 질 녘의 낭만을 즐기고 있는 모습을 보면

나도 모르게 미소가 지어진다. 그들 각자의 스타일을
떠나서 그저 우아하다는 생각이 절로 든다.
나이가 들어도 자신을 꾸미는 일을 잊지 않는 것,
일상의 소소한 행복을 놓치지 않는 태도 때문일까?

파리의 샤넬 매장에 갔을 때 자신의
'올드 샤넬 플랫슈즈'를 수선하러 온 백발의 할머니
한 분을 만난 적이 있다. 할머니가 파우치에서
꺼낸 구두에는 군데군데 세월의 흔적이 묻어 있었지만,
그녀가 그것을 얼마나 소중히 여겼는지 알 수 있었다.
거리를 걷다 보면 종종 낡고 오래된 버킨 가방을 든
노부인들도 만나곤 하는데 가치 있는 물건을 소중히 여기며
오랜 시간 간직할 줄 아는 태도가 아름답다고 느꼈다.

**What makes
a woman elegant**

나이가 들면서 모든 사람이 저절로

철이 드는 게 아닌 것처럼 나이가 들었다고

모두 우아한 것은 아니다. 노년기의 우아함이란

그 사람이 평생을 살면서 체험한 경험치에서

우러나는 것으로, 표정, 자세, 말투 등에서 자연스럽게

과거의 흔적을 찾을 수 있을 것이다.

남자든 여자든 누군가에게 잘 보이기 위해

가꾸는 게 아니라 나 자신을 사랑하고

내가 좋아하는 것을 찾고 내가 좋아하는 옷을 입고

스스로를 사랑스럽게 여길 줄 안다는 것,

그런 마음가짐이 정말 중요하다고 생각한다.

Elegance is

시인 롱펠로우는 노년을 '해 질 녘'에 비유해,
'저녁 어스름이 옅어져 가면 하늘에는 별들이,
보이지 않는 낮이 가득하다네'라고 했다.
얼마나 아름다운 표현인가.

**What makes
a woman elegant**

주변을 돌아보면 젊었을 때의 혈기 왕성함을 노년까지

유지하려 하거나 나이 자체를 무기로 삼는 사람들도

적지 않다. 인생을 살다 보면 10대의 나와 20대의 나,

30대의 내가 모두 다른 것처럼 세월이 지나면서

생각도 달라지고 가치관이나 철학도 달라지는데,

어떻게 20대와 항상 같을 수 있겠는가? 그래서 나이에

맞게 사는 것이 가장 자연스럽다는 말이 나온 것 같다.

나의 50, 60대에는 어떤 분위기가 흘러넘칠까?

어제보다 오늘 더 매력적인 사람으로 살아가기 위해

하루하루 노력한다면, 나도 언젠가 나 자신을

사랑스럽게 여길 줄 아는 우아하고

귀여운 할머니가 되어 있지 않을까?

006

Elegance is

**What makes
a woman elegant**

한 번 더 눈길이 머무는
이성異姓

Fashion is about something

that comes from within you.

패션은 여러분 안에서 나오는 무언가에 대한 것입니다.

_Ralph Lauren 랄프 로렌

유럽을 여행하다 보면 스타일리시한
남자들을 심심찮게 만날 수 있다. 특히 밀라노의 거리를
걷다 보면 세계 4대 패션쇼가 열리는 도시답게
멋진 남성들과 자주 부딪히는데,
그중에서도 나는 자신의 체형에 잘 맞는 클래식한
수트를 멋지게 차려입은 사람을 보면 기분이 좋다.
깔끔하게 톤온톤으로 색감을 매치하거나
스카프 등을 이용한 센스 있는 수트 차림을 한
사람은 다시 한번 뒤돌아보게 하는 매력이 있다.

셔츠와 치노 팬츠에 로퍼를 신은 편안한
스타일도 좋아한다. 특히 파리 남자들은 누디한 치노 팬츠에
오버핏 스웨터와 첼시부츠를 즐겨 매칭하는데,

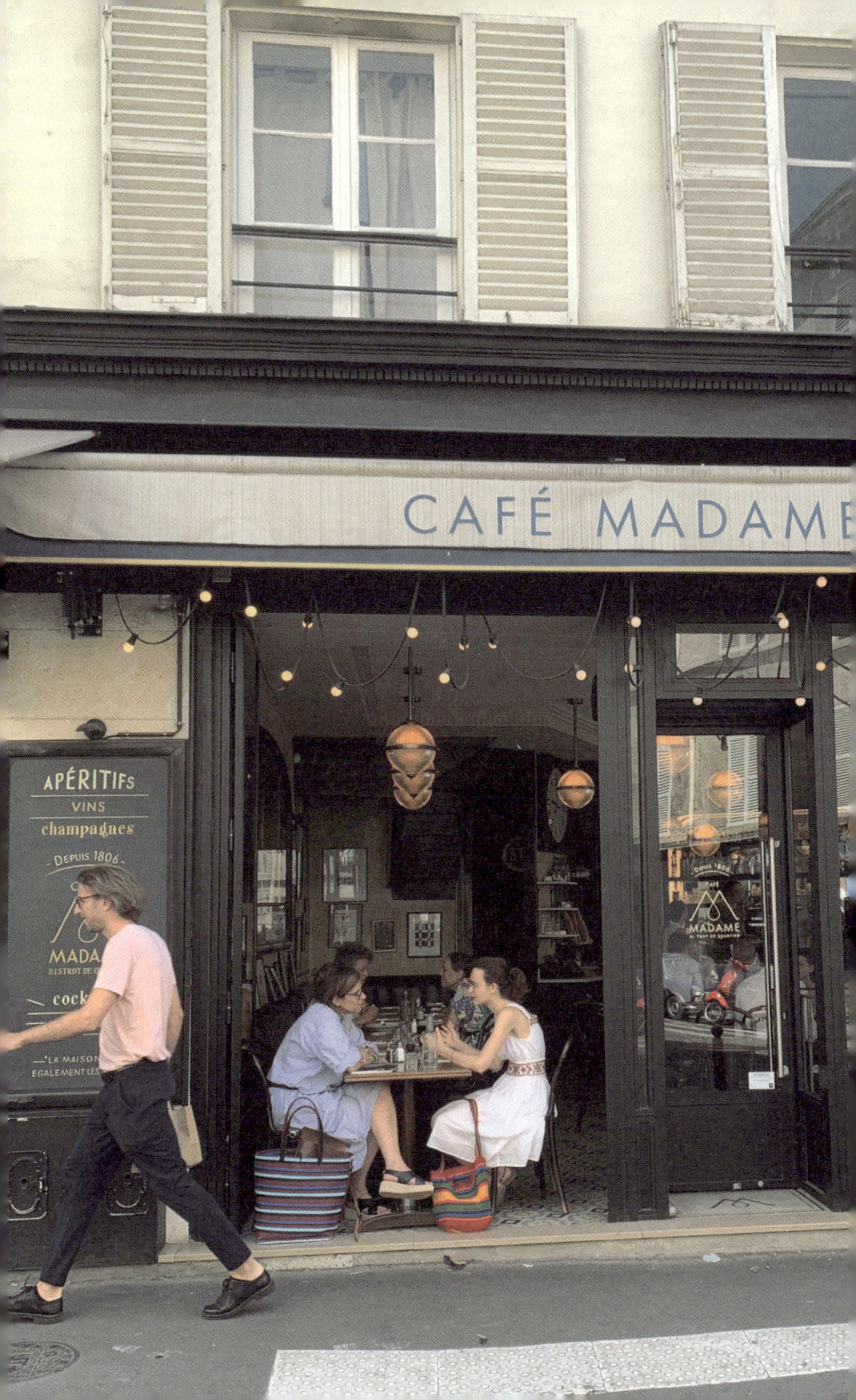
CAFÉ MADAME
APÉRITIFS
VINS
champagnes
DEPUIS 1806
MADAME

헝클어진 머리와 함께 연출되는 내추럴함이 참 멋스럽다.
어느 날은 페도라를 쓴 할아버지가 입은
체크 재킷을 보고 한참을 눈을 떼지 못한 적도 있다.
그의 스타일은 실제로 나의 디자인에 영감을 주기도 했다.

하지만 아무리 옷을 잘 입는다고 해도 태도와 말투,
가치관이 옷차림과 잘 맞지 않는다면 그에게서
품격을 느끼기란 쉽지 않을 것이다.
그 때문일까? 남성이 나이가 들면서 오히려 우아해지는
경우를 왕왕 본다. 젊었을 때의 가벼운 느낌을 벗고
삶의 다양한 경험과 철학이 덧입혀지면서
중후한 우아함을 풍기는 남자는 얼마나 아름다운지….

**What makes
a woman elegant**

우아함이란 당장 만들 수 있는 것이 아니라
많은 것이 조화를 이뤄
'자연스럽게' 묻어나는 것이라 생각한다.

**What makes
a woman elegant**

남자든 여자든 멋있게 차려입는다고 해서
우아해지는 것은 아니다. 자기 일을 사랑하고,
자기관리에 철저하고, 배움을 포기하지 않는 사람,
마음속에 품고 있는 따스한 배려심을 주변 사람들에게
표현할 줄 아는 남자야말로 진정한 우아함을 갖췄다고
생각한다. 또 '셔츠의 목 안쪽을 보면 그 사람의
많은 것을 알 수 있다'는 말처럼 비싼 명품이나
화려한 스타일보다는 깨끗하게 잘 다려 입은 셔츠,
그리고 T.P.O에 맞게 옷을 입을 줄 아는 센스가
그를 더 매력적인 사람으로 만든다.
그러고 보면 엘레강스란 성性은 물론 나이의
구분도 무의미하게 만드는 마법의 언어 같다.

007

Elegance is

**What makes
a woman elegant**

고양이의 우아함에 관하여

Cats love one so much more than they will allow.

But they have so much wisdom

they keep it to themselves.

고양이는 한 사람을 감당하기 힘들 정도로 사랑합니다.

하지만 그들은 너무나 지혜롭기 때문에

그것을 밖으로 완전히 드러내지 않습니다.

_Mary Eleanor Wilkins Freeman 메리 윌킨스 프리맨

사랑하는 나의 반려견, 마틸다와 클로이.
'인간에게는 동물을 다스릴 권리가 아닌,
모든 생명체를 지킬 의무가 있다'는
제인 구달 여사의 말을 늘 기억하려 한다.

Elegance is

**What makes
a woman elegant**

저녁 시간 집 앞을 나서면 강아지를 산책시키는

사람들을 정말 많이 만난다. 예전에 비해 반려동물

인구가 늘어간 것을 체감한다. 나 역시 강아지를 키우는

입장에서 반려동물 인구가 늘어나는 것은

반가운 일이지만, 반대로 신경 쓰이는 일이기도 하다.

언젠가 반려동물을 끝까지 책임지는 사람이

전체 반려인의 10% 정도밖에 되지 않는다는 기사를

읽은 적이 있기 때문이다. 반려동물이 주는 위로와

위안은 말로 다 하지 못할 만큼 크기 때문에 반려동물을

쉽게 거리로 내모는 사람을 이해하기 어렵다.

물론 그들도 여러 사정이 있겠지만,

일단 가족으로 맞이했다면 책임과 의무를

다해야 한다고 생각한다.

요즘은 강아지뿐만 아니라 고양이를 키우는
사람도 부쩍 늘어난 것 같다. 내 주변만 봐도 그렇다.
강아지와 고양이는 확실히 각각의 매력이 다르다.
사람을 잘 믿고 따르는 강아지는 사랑스러우면서도
믿음직스러운 반면, 고양이는 사랑스럽지만
도도한 이미지가 있다.

우아함과 매칭되는 동물이 있다면 바로 떠오르는 것이
고양이다. 물론 종이나 성격에 따라 우아한 강아지도
있지만, 머리에 떠오르는 이미지만 두고 봤을 때는
역시 고양이가 우아한 편이다. 그 이유가 무엇일까
생각해본다. 가장 먼저 유연한 '라인'이 떠오른다.
작은 틈 사이를 매끄럽게 빠져나가거나 기지개를 펼 때,

**What makes
a woman elegant**

요가 자세로 그루밍하거나 점프할 때,

웅크리고 잠을 잘 때의 자세를 봐도 부드러운 곡선이

연상된다. 그다음은 몸짓의 '속도'다. 사냥놀이를

할 때는 번개처럼 빠르지만, 평상시의 고양이는 결코

서두르는 법이 없이 느긋하다.

돌아보는 행동도, 걸음걸이도, 창밖을 바라보고 있을 때도

여유가 느껴진다. 고양이가 높은 곳을 가볍게 폴짝 뛰어

올라갈 때면 마치 체조 선수나 무용수 같다는

생각이 든다.

또 하나는 물리적 '거리감'이 아닐까? 친구네 고양이는

애교가 너무 많아 '개냥이', '무릎냥이'라고

불리기도 하지만, 고양이는 아무리 친한 사람(집사)에게도

Elegance is

**What makes
a woman elegant**

완전히 곁을 내어주지 않는다.

무릎 위에서, 사람 품에 안겨서 잠이 들기도 하지만,

혼자만의 시간을 즐길 줄 아는

동물이 바로 고양이다.

고양이의 속도, 거리가 맞물려 생겨나는

우아함의 시너지 효과가 있다면 '시선'일 것이다.

일정한 거리를 두고 상대방을 지그시 응시하는 고양이를

바라보고 있으면 우아함을 뛰어넘어 요염하다는

생각까지 든다. 내가 외출했다가 돌아왔을 때

숨이 넘어가도록 반겨주는 우리 강아지들의

사랑스러움과는 확실히 다른 매력이다.

여기에 '소리'도 한몫한다. 우리 강아지는

진주 목걸이를 하고도 '멍멍'하고 우렁차게 짓는데,
고양이는 작고 간드러지는 목소리로 '야옹'하고 운다.
부드럽고 여유 있는 모습의 고양이가 커다란 목소리로
멍멍, 왈왈 하고 짓는다면 참 우스꽝스럽지 않을까.

유려한 몸짓, 느긋한 속도감, 일정한 거리감,
지그시 대상을 바라보는 차분한 시선 등이 모여
고양이의 우아한 '자태'를 만들어내는 것 같다.
나는 어떤 사람이 될까? 강아지처럼 친근하고
사랑스럽고 충직한 사람이 될 것인가?
잡힐 듯 잡히지 않는 우아한 고양이 같은 사람이
될 것인가? 마음은 강아지처럼 충직해도, 겉으로 보이는
쪽은 고양이를 택하고 싶다.

**What makes
a woman elegant**

008

Elegance is

**What makes
a woman elegant**

베스트셀러와 스테디셀러

———

Truth, like light, blinds.

Falsehood, on the contrary,

is a beautiful twilight that enhances every object.

진실은 빛과 같이 눈을 어둡게 합니다.

반대로 거짓은 아름다운 저녁 노을처럼

모든 것을 멋져 보이도록 합니다.

_Albert Camus 알베르 까뮈

나는 가끔 트렌드를 살피기 위해 서점을 방문하곤 한다.
베스트셀러 코너를 둘러보다가
베스트셀러bestseller에 왜 사람을 의미하는 접미사인
'-er'이 붙었는지 갑자기 궁금해졌다. 열심히 검색해 보니
원래 베스트셀러는 '가장 잘 파는 사람'이라는
뜻이었다고 한다. 일정 기간 많이 팔린 책을
'베스트 셀링 북스best selling books'라고 하는데,
단어가 길다 보니 언제부터인가 편의상 줄여서
베스트셀러라고 부른 것이 지금까지 이어진 것이라고 한다.
오래, 꾸준히 팔리는 책이란 의미의 스테디셀러steady seller도
아마 유사한 과정으로 생긴 단어일 것이다.

독자들에게 인기를 끄는 베스트셀러라면
그 책이 또한 스테디셀러가 되는 게 당연할 텐데,

**What makes
a woman elegant**

008

Elegance is

**What makes
a woman elegant**

출판업계에 있는 분들과 이야기를 나누다 보면
현실은 조금 다르단 걸 알 수 있다.
일정 기간 베스트셀러가 되었다가도 시간이 지나고 나서는
사람들의 기억에서 쉽게 잊히는 책도 아주 많다고 한다.

요즘의 베스트셀러는 내용이 가볍거나 좀 헐거워도
유행과 맞물려 확 뜨기도 하고, 출판사의 광고나
마케팅에 의해 만들어지기도 한다. 스테디셀러는
그와 다르게 콘텐츠가 가진 힘이 있어 오랫동안
사람들에게 읽히고 사랑받는 책이다. 특히 우리가
'고전'이라고 부르는 책은 오랜 시간을 거쳐 검증된 것으로
문학사적 가치도 충분할 뿐만 아니라
후세 사람들에게 끊임없이 영향을 끼친다.

가끔 대화를 나눌 때 '우아 떤다'고 말하는 경우가 있다.
평소에는 우아한 행동과 거리가 먼 사람이 좋은 장소에
가거나 잘 보여야 하는 상대를 만났을 때 어쩔 수 없이
평소의 자신과는 다른 행동을 하는 경우에
종종 이런 표현을 쓴다.

"저, 오늘 오랜만에 우아 좀 떨고 왔어요."
"저 사람, 우아 떠는 것 좀 봐."
자신에게 '우아 떤다'라는 말을 사용할 때는
은근한 '자랑'이 포함되어 있지만, 타인을 향해
사용할 때는 살짝 '비아냥'의 시선도 담겨 있는 듯하다.
똑같은 말이 화자에 따라 미묘하게 어감의 차이가
생기는 것이 재미있다. 어느 쪽이든 '우아 떤다'는

**What makes
a woman elegant**

말에는 감추거나 속인다는 뜻이 조금은 내포되어 있다.

우아를 떠는 것이 아니라 정말 우아해지기 위해서는
무엇이 필요할까를 생각하다가 베스트셀러와
스테디셀러의 차이가 떠올랐다. 순간의 만족,
남에게 보여주기 위한 행동, 유행에만 치우치는 것이
아니라 꾸준히 자신의 내면을 가꾸는 삶을 살다 보면
언젠가는 우리도 스테디셀러에 가까운
삶을 살 수 있지 않을까?

009

Elegance is

**What makes
a woman elegant**

공간의 철학

Home is where you find light

when all grows dark.

집은 모든 것이 어두워질 때

빛을 발견하는 곳입니다.

_Pierce Brown 피어스 브라운

**What makes
a woman elegant**

내가 가장 오래 머무르는 공간은 집이고,
내가 가장 좋아하는 공간도 집이다. 바르셀로나나
파리에는 유명한 박물관이나 미술관, 오래된 성,
호텔 등이 많지만, 내가 특히 좋아하고 아끼는 공간은
친숙하면서도 정감 있는 공간이다. 물론 역사와 문화의
숨결이 고스란히 담겨 있는 공간들도 아름답지만,
개인적으로는 웅장하고 화려한 스타일보다는
삶이 녹아있고, 그곳에 사는 사람의 결이 담긴 공간에
애정을 느낀다. 그래서 나는 친구들의 집이나
작업공간으로 쓰는 아틀리에, 가끔 브런치를
즐기는 동네 카페, 매일 인사를 나누며 들르는
1유로짜리 크루아상을 파는 베이커리를 사랑한다.

생각해보면 내가 사랑하는 공간에는 몇 가지 특징이 있다.

우선 상대방(혹은 가게를 운영하는 사람)의 취향을 고스란히

느낄 수 있다. 공간은 그 사람의 성격과 특색을 드러낸다.

가구나 찻잔, 조명 같은 물건들의 배치를 보면서

그들의 감각을 읽고 배울 수 있다.

또한 나는 정리 정돈이 잘되어 있는 공간을 좋아한다.

물건의 많고 적음이 문제가 아니다.

일단 들어서는 순간 아늑함을 느낄 수 있는 공간은

물건이 제자리에 있고, 오래된 것이어도

정갈하고 깨끗하게 정리된 곳이다.

이런 곳에서 좋은 사람과 함께

차를 마시고 이야기를 나누다 보면 그 순간 만큼은

세상 그 누구도 부러울 것 없는 행복한 나른함을 느낀다.

**What makes
a woman elegant**

어떤 옷을 입느냐에 따라
그 사람의 이미지가 달라지는 것처럼,
공간 역시 그곳에 사는 사람을 대변한다.
내가 주변을 아끼고 사랑한다면,
내가 머무는 공간도 나를 행복으로 이끌 것이다.

늘 주변을 좋은 향기, 아름다운 꽃으로 채우려 한다.
공간의 환한 기운이 지속적으로 내 안에 스며드는 것,
이 또한 '우아함'에 이르는 길이라 생각한다.

우아함은 공간에서도 만들어진다고 생각한다.
깔끔하고 쾌적한 공간에서 생활하다 보면 그에 맞는
품격도 갖추게 된다고 믿는다. 그래서 정리 정돈이
정말 중요하다고 생각한다. 평소 업무 때문에 여기저기
출장이 잦은 편이지만 늘 내가 머무는 공간은
깨끗하게 유지하려고 노력한다.
그리고 내가 사랑해마지 않는 꽃을 늘 곳곳에 둔다.
꽃은 공간을 환하게 정화시키는 기능이 있어
보는 사람의 기분도 덩달아 환해지기 때문이다.
공간은 생각보다 사람에게 지속적인 영향을 미친다.
내가 주변을 아끼고 사랑한다면,
내가 머무는 공간 역시 나를 아껴줄 것이다.

**What makes
a woman elegant**

010

Elegance is

**What makes
a woman elegant**

버지니아 울프와
혼자만의 시간

―――

No need to hurry.

No need to sparkle.

No need to be anybody but oneself.

서두를 필요도, 빛날 필요도 없어요.

당신 자신이 아닌 그 누구도 될 필요가 없어요.

_ Virginia Woolf 버지니아 울프

대학을 졸업하자마자 결혼해서 남편과 함께
바르셀로나로 떠나 10년을 살았다.
남편이 출근한 후에는
혼자만의 시간이 이어졌다.
주변에 친구들이나 가족이 없어서 문득문득
외롭고 쓸쓸한 마음이 들기도 했지만,
신기하게도 혼자만의 시간을 갖는 동안 나 자신과
가장 친한 친구가 될 수 있었다.

어렸을 때는 늘 누군가의 시선, 누군가의 평가에
신경을 쓰느라 정작 내가 가치를 두는 것,
내가 사랑하는 것, 내가 진정으로 하고 싶은 것에는
관심을 둘 수도, 집중할 수도 없었다.

**What makes
a woman elegant**

하지만 바르셀로나에서는 (어쩌면 이방인이 누리는 특권처럼)
그 누구도 신경 쓸 것 없이 '온전한 나 자신'이 될 수 있었다.
이 시간을 통해 나 자신조차 몰랐던 새로운 나를
빌견할 수 있었으며, 취향과 가치관도 점차 확고해졌다.
그리고 이때 처음으로 '아름다운 옷을 만들고 싶다'는
열망에 눈을 떴다.

'혼자만의 시간'이 얼마나 중요한지 생각해보면 떠오르는
사람이 있다. 바로 20세기의 대표적인
여성 작가인 버지니아 울프Virginia Woolf다. 버지니아 울프는
옥스퍼드 대학에서의 강연 내용을 편집해서 책으로
펴냈는데, 이것이 바로 그녀의 대표작 《자기만의 방》이다.
여성을 남성에게 종속된 존재로만 바라보던 시대,

**What makes
a woman elegant**

여성의 지위가 바닥에 머물렀던 1800년대 후반,

버지니아 울프는 '여성은 연간 500파운드의 돈과

자기만의 방을 가져야 한다'고 말했다.

'500파운드'는 경제적 독립과 사유할 수 있는 능력을

말하는 것이고, '자기만의 방'은 사유를 위한

독립적 공간을 의미한다.

결국 버지니아 울프는 '인간은 누구나

독립적인 존재로 살아가야 한다'는

이야기를 하고 싶었던 것이 아닐까.

버지니아 울프가 자기만의 방을 외쳤던 시대로부터

100년이 넘는 시간이 흘렀지만,

그녀의 말은 여전히 깊은 울림을 남긴다.

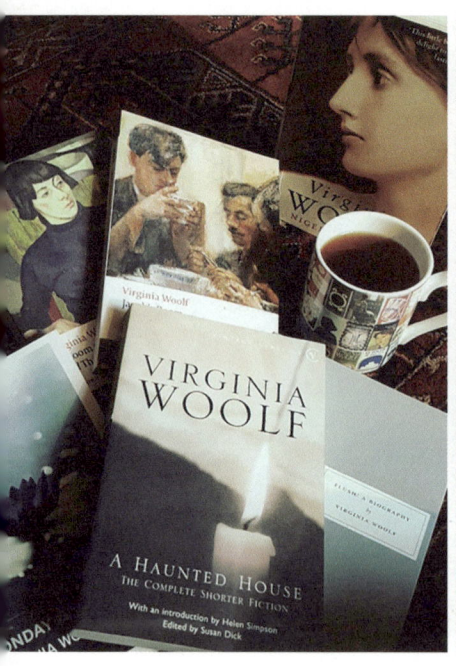

분명 태생적으로 우아함을 지닌 사람도 있을 것이다.
그러나 그런 사람은 극히 일부일 것이다.
우아함은 어느 한순간 생겨나는 것이 아니고,
훈련을 통해, 어떤 생각으로 어떻게 생활하느냐에 따라
만들어진다고 생각한다.

**What makes
a woman elegant**

모든 인간에게는 온전히 자신으로 서기 위한

시간과 공간이 필요하다.

요즘은 너무 많은 정보가 넘쳐난다.

그중에는 실제로 도움이 되는 유익한 정보도 많지만,

그와 비례해 무용한 것, 해로운 것 역시 많다.

클릭 한 번이면 온종일 심심하지 않게 하루를

보낼 수 있고, 관심을 뺏길 즐길 거리가 차고 넘친다.

이런 유혹 속에서 쉽게 흔들리지 않고 나를 지켜내기

위해선 스스로를 조절할 수 있는 능력이 필요할 것이다.

그리고 이런 능력을 키우기 위해 가장 필요한 건

'나 자신을 잘 아는 것'이리라.

011

Elegance is

**What makes
a woman elegant**

우울한 우아함은 없다

Opportunity does not come by boat,

but from within us.

기회는 배를 타고 오지 않고

우리들 내부로부터 옵니다.

_Denis Waitley 데니스 웨이틀리

Elegance is

**What makes
a woman elegant**

사람의 평균 체온은 36.5도지만,

상대방으로부터 느끼는 감정과 정서의 온도는 각자가

다른 듯하다. 매사에 열정적인 사람은

좀 더 뜨겁게 느껴지고, 냉소적인 사람의 곁에서는 왠지

차가운 기운이 느껴진다. 그렇다면 우아함의 온도는

몇 도쯤일까, 상상해본다.

내가 생각하는 이상적인 우아함은 여름을 앞둔

봄의 절정 같은 온도다. 밝고, 따스하고,

좋은 기운이 느껴지는 18~22℃ 정도의 분위기랄까.

물론 도회적이고 차가운 얼굴에서도 우아함을

느낄 수 있다. 그러나 이때의 분위기는 우아함보다는

도도함에 더 가까운 것 같고, 왠지 모를 거리감 때문에

불편하기도 하다.
어두움을 안은 우아함보다는,
이왕이면 주변과 세상을 따뜻하게 만드는
우아함을 가지고 싶다.

어렸을 때는 잘 몰랐지만, 나이가 들면서 알게 된
사실 하나가 있다. 긍정적인 생각이 주변에
좋은 기운을 전파하고, 좋은 사람을 불러 모은다는 것이다.
평소 내가 좋아하는 문구가 있다.
'기회는 배를 타고 오지 않고 우리들 내부로부터 온다'는
미국의 동기부여가 데니스 웨이틀리의 말이다.
살면서 부정적인 생각으로 인해 잃어버린 기회가
얼마나 많을까?

**What makes
a woman elegant**

나는 생각의 힘을 믿는다. 그래서 어떤 일이든 항상
'된다'고 생각하고 도전하는 편이다.
물론 안 될 수도 있다는 것을 잘 안다.
하지만 긍정적이고 단단한 마음을 가지지 않으면
생각 자체에 밀리고 만다. 그렇기 때문에 일을 하면서도
늘 나의 에너지를 100%, 아니 120%까지 쏟아붓는다.
그래야 내가 원하는 90% 정도의 결과를
얻을 수 있기 때문이다.

내게는 오래된 인생 모토가 하나 있다.
'자신감은 가지되 자만하지 말자'이다. 자신감이 없으면
아무것도 할 수 없고, 자만하는 순간 일을 그르치고 만다.

**What makes
a woman elegant**

그래서 나는 매 순간 나의 인생 모토를

되새기려 한다. 그렇게 되새김질하다 보면

하루하루를 좀 더 의미 있고 단단하게 보낼 수 있다.

이런 날들이 차곡차곡 쌓이다 보면 나와

내 주변까지 봄의 절정 같은

우아함에 닿을 수 있을 거라 믿는다.

012

Elegance is

**What makes
a woman elegant**

보통 사람이 만들어가는 행운

―――

If people knew how hard I worked to get my mastery,

it wouldn't seem so wonderful at all.

내가 이 그림을 그리려고 얼마나 노력했는지 안다면

사람들은 결코 나를 천재라 부르지 않을 겁니다.

_Michelangelo Buonarroti 미켈란젤로 부오나로티

얼마 전 재미있는 글을 발견했다.

'천재는 99%의 노력과 1%의 영감에서 만들어진다'는

에디슨의 말에서 우리는 지금까지 '노력'에만 방점을 찍었다.

영감이 있더라도 노력하지 않으면 안 된다고,

노력하지 않기 때문에 무언가 결과를 내지 못한다고

이야기했다. 그런데 유현준 교수가 쓴

《공간이 만든 공간》이라는 책의 서문에서는 1%의

'영감'이 얼마나 중요한지에 대해 이야기한다.

노력은 누구나 할 수 있지만, 영감은 아무나 얻지 못하고,

이 반짝이는 영감이야말로 천재를 만드는 결정적인

요인이 된다는 것이다.

**What makes
a woman elegant**

많은 사람이 다람쥐 쳇바퀴처럼 도는 일상에서 벗어나 영화처럼 멋진 일이 일어나기를 기대한다. 하지만 우리에겐 특별한 날보다 평범한 보통의 날이 훨씬 더 많다. 잠시 번득이는 것 같은 영감도 진짜 쓸만한 것인지 아닌지조차 확신하지 못하고, 하루하루에 매몰되어 시간만 보내는 경우가 허다하다. 이런 보통의 날이 모이고 모여서, 한 사람의 인생을 만들 것이다.

남편은 늘 "안 되는 게 어딨어? 노력하면 되지."라고 말한다. 그런 사람의 옆에서 오랜 시간을 함께하다 보니 소극적이던 나도 조금씩 바뀌어 갔다. 도전보다는 안전함을 추구하던 내가 새로운 도전을 즐기게 되었다. 또한 나 자신과의 약속은 반드시 지키려고 노력한다.

**What makes
a woman elegant**

나와의 약속이라고는 하지만, 거창한 것이 아니다.
사소하고 작은 것들이다. 가령 몇 시 전에는 일어나고,
몇 시까지는 잠자리에 들고, 일주일에 몇 번 이상은
운동을 하고, 하루에 몇 시간이라도 휴대폰을 멀리
하자는 식으로, 대략적인 하루의 시간표와 일주일 안에
해야 할 일을 정해두고 규칙적으로 생활하는 것이다.

그중에서도 10년 넘게 빼먹지 않고 꾸준히
실천하는 게 있다. 바로 운동이다.
체력이 약하고 조금 예민한 성격이다 보니
운동을 할 때만큼은 그 시간에 집중하면서
정신적으로도 육체적으로도 강해지려고 노력한다.
몸이 피곤하거나 아프면 마음도 쉽게 무너진다.

몸이 튼튼하면 활력도 저절로 따라오고,
나쁜 생각도 잘 침범하지 못한다.

비록 천재도, 에너지가 넘치는 사람도 아니지만
내가 할 수 있는 만큼 최선을 다해
끊임없이 노력하는 나 자신에게 응원을 보낸다.
이렇게 하루하루를 잘 채워나가다 보면 어느샌가
내가 생각하는 이상적인 나와 만나지 않을까?

**What makes
a woman elegant**

013

Elegance is

**What makes
a woman elegant**

ASMR 같은 일상

**Happiness isn't something you experience.
It's something you remember.**

행복은 당신이 경험하는 것이 아니라

당신이 기억하는 것입니다.

_Oscar Levant 오스카 레반트

SNS에서 요리나 여행, 반려동물과의 평범한 일상을
담은 채널이 인기다. 번잡한 현실을 잠깐 벗어나
다른 이의 평범한 일상을 엿보며 공감과 재미를 느낀다.
유튜브에서 조회 수 500만 회를 웃도는 채널을
본 적이 있다. 햇살이 가득 들어오도록 커튼을 젖히고,
이불을 정리하고, 청소기를 돌리고,
설거지하는 아주 평범한 일상을 담은 영상이었다.
웃고 떠드는 소란함 대신 찰랑찰랑 물소리가 들리고,
사락사락 패브릭을 만지는 소리, 달그락달그락 그릇과
얼음이 부딪히는 일상의 소리가 ASMR(Autonomous Sensory
Meridian Response, 자율 감각 쾌락 반응)처럼 마음을
차분하고 고요하게 만들어 주었다.
누군가의 얼굴이 등장하지도, 요란하거나 화려한

음악도 없지만, 나를 위해 시간을 들여 요리하고,
사랑하는 사람이나 반려동물과 행복한 시간을 나누고,
부지런히 청소하는 등 일상을 돌보는
소리에서 마음의 안정을 얻는다.

쳇바퀴처럼 돌아가는 평범한 일상도
관심을 쏟고, 정성을 흩뿌려주면 부드러운 빛을 발한다.
빙글빙글 돌아가는 사이키 조명이나 누군가를 돋보이게
만드는 하이라이트가 아니라 포근하게 대상을
감싸 안는 빛이다.
일에서 보람을 찾기는 하지만, 그보다는 사랑하는
사람과 보내는 시간의 소중함과
인간답게 사는 것에 대해 고민한다.

**What makes
a woman elegant**

시간이 흐를수록 가족들과 보내는 시간의
소중함을 실감한다. 쳇바퀴처럼 도는 일상도
관심을 쏟고 정성을 흩뿌려주면 빛을 발한다.

내 삶을 지키고자 하는 의지가 변하지 않았으면 좋겠다.
많은 사람의 사랑을 받고자, 많은 사람의 취향을
만족시키고자 스스로를 변형시키는 어리석음을
범하지 않았으면 좋겠다. 어렵고 힘든 시간일지라도
나의 길을 묵묵히 걸어가고 싶다.
그렇게 나만의 우아함이 완성되길 바란다.

Elegance is

What makes a woman elegant

누가 뭐라든
당당할 수 있는 용기

———

**Once you can express yourself,
you can tell the world what you want from it.
All the changes in the world, for good or evil,
were first brought about by words.**

일단 당신이 자신을 표현할 수 있다면,
당신이 무엇을 원하는지 세상을 향해 말할 수 있습니다.
모든 변화는, 선이든 악이든 간에,
말에서부터 시작되었습니다.

_Jacqueline Kennedy 재클린 케네디

미국인이 가장 사랑하는 퍼스트레이디
재클린 케네디Jacqueline Kennedy(1929~1994).
재클린이 세상을 떠난 후 오랜 시간이 흘렀지만,
그녀는 여전히 '재키'라 불리며 패션, 정치, 문화 등
미국인의 삶을 대변하는 아이콘으로 평가받는다.
승마선수였던 어머니의 영향으로 어릴 때부터
승마를 배웠던 재키는 야망이 넘치는 당찬 여성이었고,
그를 뒷받침할 재능도 겸비하고 있었다.
학문과 매너, 대화의 예술을 강조하던 학교인
미스포터스 학교에서 공부했던 재키는 바사 칼리지에서
역사학, 문학, 미술, 프랑스어를 배우고,
파리에서 유학하기도 했다. 젊은 시절부터 생기 넘치면서도
기품과 우아함을 잃지 않았던 재키의 면면은

What makes
a woman elegant

성장 과정 속에서 자연스럽게 길러진 것이 아닐까
생각해본다.

기자 출신이었던 재키는 스물다섯 살에
당시 상원의원이던 존 F. 케네디(1917~1963)를 만나
결혼했다. 그녀의 당당함과 우아함은 퍼스트레이디가
된 후 정계는 물론 국제적으로나 대중적으로도
큰 인기를 얻는 요소였다. 그녀의 타고난 패션 센스는
퍼스트레이디가 되고 난 후에도 빛을 발하는데,
재키는 영부인들이 입던 딱딱한 의상 대신 모던하면서도
고급스러운 스타일로 그녀만의 룩을 만들어냈다.

1994년 림프종으로 세상을 떠나기 전까지 누가 뭐라든
자신에게 당당하며 열정적이었던 재키는

**What makes
a woman elegant**

자신의 삶에 누구보다 충실했던 여성이었다.
영부인 최초로 언론 행보 비서를 두었고,
백악관에 역대 대통령이 소유한 예술 작품을 전시하는
박물관을 개설하고, 예술 활동을 장려하기도 했다.
1963년 케네디 대통령 암살 사건 5년 후 당시 관습으로는
쉽지 않았던 재혼(1968년 그리스의 선박 부호인
애리스토틀 오나시스와 결혼했다)을 하면서 많은 사람의 비난을
받기도 했지만, 그녀는 자신의 선택에 당당했다.
7년 후 오나시스마저 사망하자 재키는 과거의 직장으로
복귀해 출판인으로서 인생의 2막을 살았다.

그녀는 자신의 욕망을 시인했고, 그런 자신을
부끄러워하지 않았으며, 자신을 표현하는 데도 능했다.
이러한 점 때문에 누구의 부인이 아닌 '재클린 부비에'라는

'꿈은 영원한 기쁨이자
결코 다 써버릴 수 없는 재산이며
해가 갈수록 활력을 주는 행운'이라는
재키의 말을 기억한다.

Elegance is

**What makes
a woman elegant**

이름으로 우리의 기억에 남을 수 있었던 게 아닐까.

재키의 패션은 심플하지만, 장소와 상황에 따라
자연스럽게 어울렸다. 또한 세 줄 진주 목걸이나
오버사이즈 선글라스, 필박스 햇 등 그녀를 상징하는
시그니처 스타일도 만들어냈다.
이처럼 그녀만의 개성 있는 스타일이 가능했던 것은
그녀가 자신의 특징을 잘 이해하고 있었기 때문일 것이다.
오랜만에 재클린의 사진을 찾아보았다.
전신에서 뿜어 나오는 당당한 우아함이란
바로 재키, 재클린 부비에의 삶이 말해주고 있는 것 같다.

015

Elegance is

**What makes
a woman elegant**

몰입의 불꽃

Concentrate all your thoughts upon the work at hand.

The sun's ray do not burn until brought to a focus.

당신이 하는 일에 온 정신을 집중하세요.

햇빛은 한 초점에 모아질 때만 불꽃을 내는 법입니다.

_Alexander Graham Bell 알렉산더 그레이엄 벨

2015년은 음악계는 물론 음악을 잘 모르는
대중들도 들썩였던 해다. 스무 살의 조성진이 한국인으로서는
최초로 '쇼팽 국제 피아노 콩쿠르'에서 우승을 차지했기
때문이다. 아시아에서는 베트남의 당 타이 손(1980),
중국의 리윈디(2000)에 이은 세 번째 쾌거였다.
'쇼팽 국제 피아노 콩쿠르'는 서양 클래식 음악계의 텃세 때문에
아시아인들이 우승하기 매우 어렵다고 평이 나 있는데,
유리천장을 깨부수고 우승을 했으니 같은 한국인으로서
너무나 자랑스럽고 뿌듯했던 기억이 있다.

조성진의 우승이 더욱 화제가 되었던 건 나중에 공개된
채점표 때문이기도 했는데, 심사위원 중 한 명이 결선에서
조성진에게 10점 만점에 1점을 주었기 때문이다.

**What makes
a woman elegant**

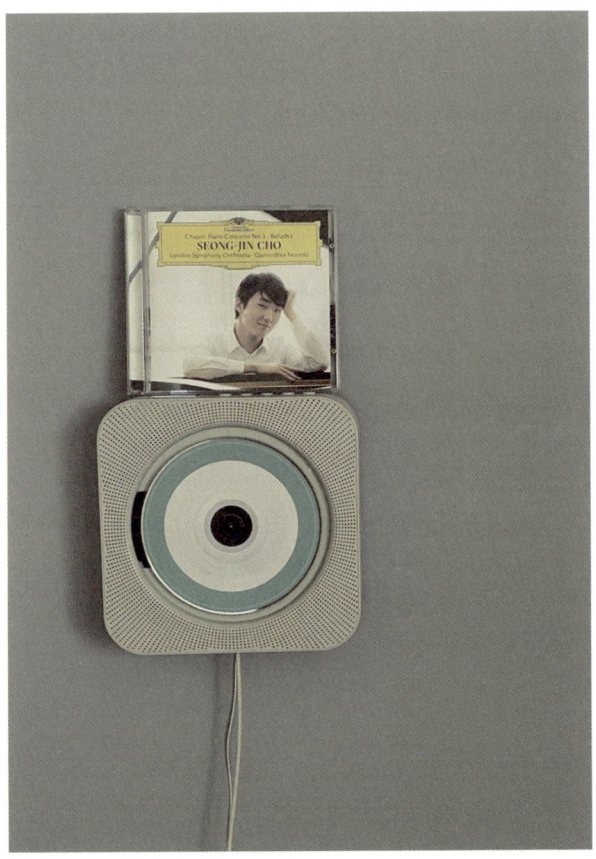

말도 안 되는 점수에도 불구하고 2위와 5점 차나 벌이며
우승했으니 정말 놀랍지 않은가.
클래식을 잘 알지는 못하지만, 조성진이 피아노를 연주하는
모습은 참으로 우아하다. 피아노 연주에 몰입한
조성진은 마치 다른 시공간에 속한 사람,
자신만의 세계에 존재하는 사람처럼 느껴진다.
무언가에 몰입한 사람에게서는 정제된 힘이 느껴진다.
부산스럽지 않고 정갈하다. 이것은 조성진뿐만 아니라,
어떤 일에 온전히 빠져든 사람들에게서 느껴지는
공통된 아름다움일 것이다.

피겨 스케이터 중에 김연아 선수만큼 우아한 몸짓을
보여주는 이도 드물다. 점프와 스핀 등 고난이도

**What makes
a woman elegant**

동작이 많은 피겨 스케이팅은 엄청난 긴장과 집중이
필요한 스포츠다. 빙상 위의 김연아에 그토록
많은 이들이 감동하고 눈물 흘렸던 이유 또한 그녀가
보여준 고도의 집중력, 순간적인 몰입이
있기 때문일 것이다. 그리고 그것이 가능한 이유는 우리가
감히 상상할 수 없을 정도의 연습량 덕분일 것이다.

우아함이 단순히 겉으로 보이는 기술에서만
나오는 것은 아닐 것이다.
기술과 기교가 필요한 것은 분명하지만, 그것을 완전히
나만의 것으로 만들기 위한 피나는 노력,
몰입을 통해 빠져드는 것,
거기에서 프로다운 우아함이 우러나는 것이 아닐까?

015

Elegance is

**What makes
a woman elegant**

인상 깊게 봤던 영화 〈실버라이닝 플레이북〉에서
주인공인 팻과 티파니는 현실의 괴로운 문제들로부터
도피하기 위해 아마추어 댄스 대회에 도전한다.
그 어떤 욕심도 목표도 없이 시작했지만,
대회를 준비하는 과정에서 그들은 춤에
온전히 빠져든다. 내게 큰 여운을 남겼던 것은
마지막 장면이다. 준비한 무대를 무사히 마친 후,
점수 발표의 순간이 다가온다.
다른 선수들이라면 형편없는 수준으로 생각할 점수를
받고도 우승하거나 준우승한 선수들보다
더 크게 환호하며 서로를 부둥켜안고 진심으로 기뻐하는
그들을 보며 머리를 한 대 맞은 느낌이었다.
몰입이란 목적이나 결과에 목표를 두는 것이 아니다.

목적과 결과를 염두에 둔 순간, 몰입은 깨어지고 만다.

다만, 스스로 부끄럽지 않게 최선을 다하며 순간을

즐기는 것, 그것이 바로 몰입의 가치이며 아름다움이다.

옷을 만드는 일도 비슷하다. 판매량, 소비자들의 반응 등을

고려하지 않을 순 없지만, 제작 과정을

온전히 즐기고 최선을 다했다면, 그 시간을 통해

분명 내 안에 많은 것이 쌓였을 거라 믿는다.

그리고 나는 조금 더 성숙해지고 성장해 나갈 것이다.

**What makes
a woman elegant**

016

Elegance is

**What makes
a woman elegant**

나를 위한, 웨어러블 웨어

**We're in the business of luxury
and there's nothing more luxurious than
being good to people,
being respectful of them.**

우리는 럭셔리한 패션 세계 안에 있지만,

사람들에게 친절하게 행동하고

그들로부터 존경받는 것만큼 우아한 일은 또 없습니다.

_Phoebe Philo 피비 필로

016

Elegance is

**What makes
a woman elegant**

개인적으로는 여성성이 지나치게 강조된 스타일보다

중성적이거나 남성성이 강조된 핏 혹은 맨즈웨어를

좋아한다. 그리고 웨어러블한 스타일을 좋아한다.

웨어러블하다고 해서 우아하지 않은 것은 아니다.

오히려 실용적인 스타일로 대충 걸친 것 같지만,

자연스럽게 품위가 흘러나오는 것을

진정한 우아함이라고 생각한다.

개인적으로 가장 좋아하는 브랜드는 피비 필로Phoebe Philo가

이끌던 '올드 셀린느Old Celine'다. 셀린느는 2008년부터

2018년까지 10년간 유례없는 황금기를 누렸는데,

셀린느의 전 수석 디자이너인 피비 필로의 역할이 중요했다

(에디 슬리먼이 셀린느를 이끈 시기부터는 '뉴 셀린느New Celine'로 구분한다).

피비 필로는 우아하고 단아하면서도 현대적인 무드를
지닌 의상을 선보이며 셀린느의 매출을 4배 가까이
끌어올리는 엄청난 파워를 보여주었다.
미니멀하면서도 매니시한 스타일은 몇 년이 지난 지금
봐도 멋스럽기 그지없을 정도다.

피비 필로가 걸어온 삶도 그녀의 디자인만큼 매력 있다.
스텔라Stella에서 디자인을 시작한 피비 필로는 프랑스 명품
브랜드인 끌로에Chloe에서 디자이너로서 성공 가도를 달렸다.
그러다 누구나 탐내는 최고의 명품 브랜드의 디렉터를
갑자기 그만두었다. 이유는 간단했다. 육아 때문이었다.
'아이들이 커가는 가장 중요한 시기에는
옆에 있어 줘야 한다'는 것이 그녀의 철학이었다.

**What makes
a woman elegant**

변화가 빠른 패션계의 특성상 오랜 공백은 재기 불가를
의미했지만, 그녀는 단호했고, 미련 없이 자리를 내던졌다.
이런 그녀의 가치를 알아본 것이 LVMH 그룹이었고,
기대에 화답이라도 하듯 그녀는 셀린느의 새로운
역사를 써 내려갔다. 그녀의 패션 철학은
삶의 철학처럼 간단명료하다.

"여성을 성적 대상화로 보는 것이 아닌,
남을 위해 차려입는 것이 아닌,
자기 자신을 위해 옷을 입을 것,
자신이 원하는 것을 입을 것!"

Elegance is

피비 필로가 2022년, 영국 런던을 기반으로 한
자신의 레이블을 론칭한다는 소식을 들었다.
그녀의 철학이 디자인에 어떻게 버무려질지 정말 기대된다.

**What makes
a woman elegant**

"난, 자신이 누구인지 자각하는 여자들을 위해서
일해요."란 피비 필로의 말에서도 알 수 있듯,
결국 디자인이란 디자이너의 삶과 철학에서
우러나오는 것이다. 만약 누군가 내게
"우아한 스타일이란 어떤 것인가요?"라는 질문을
던진다면 나는 단연코 피비 필로가 이끌던
올드 셀린느 스타일을 보라고 답하겠다.
그녀는 2018년을 마지막으로 패션계를 떠났지만,
올드 셀린느는 내 가슴에 여전히 최고의 브랜드로 남아 있다.

017

Elegance is

**What makes
a woman elegant**

누구를 만날 것인가

Nothing's better than the wind to your back,

the sun in front of you, and your friends beside you.

등 뒤로 불어오는 바람, 눈앞에 빛나는 태양,

옆에서 함께 걷는 친구보다 더 좋은 것은 없으리.

_Aaron Douglas Trimble 에런 더글러스 트림블

나는 사교성이 뛰어난 사람은 아니다. 평소 사람을
많이 만나는 편도 아니고, 발이 넓은 편도 아니다.
하지만 사회생활을 하다 보면 호감을 느끼지 못하거나
원하지 않는 사람과도 만나야 할 순간이 다가온다.
그래서인지 늘 인간관계에 대해 고민하곤 한다.

살면서 누구를 만날지는 정해져 있지 않다.
학교에서 새 학기 반 배정이 될 때, 대학교에 입학할 때,
직장에 입사할 때, 그곳에 어떤 친구가 있을지,
어떤 동료를 만나게 될지 알 수 없다.
그러나 '어떤 사람을 가까이 둘 것인가'라는
질문에는 내 생각을 말할 수 있다.

**What makes
a woman elegant**

**What makes
a woman elegant**

나는 친해지는 데 시간이 오래 걸리는 편이지만,
한번 관계를 트면 상대방을 진심으로 대하려고
노력하는 사람이다. 또 내가 오랫동안 만나온 사람들은
여자든 남자든 의리가 있고, 함께 있는 동안 편안하고
즐거운 이들이다. 내게 긍정적인 영향을 끼칠 수 있는
사람이라면 더욱 감사하다.
물론 인간관계에서도 노력은 필요하다.
서로 응원해줄 수 있고, 든든하게 의지할 수 있는
사람이 있다면 그 인연을 이어가기 위해서라도 노력은
필요하다. 아무리 좋은 사람이라도 구애가 너무 일방적이면
언젠가는 끊어질 수밖에 없다고 생각하기 때문이다.

우아함은 평소 만나는 사람과의 관계에서도
만들어진다고 생각한다. 어떤 철학과 가치관을 가진
사람을 가까이 두느냐에 따라 대인관계의 우아함도
변하는 것이 아닐까? 남 이야기에 열을 올리는 사람,
누군가의 장점보다 흠부터 먼저 찾는 사람과의
관계에서 우아함을 느낄 수 있을까?
젊을 때는 많은 사람을 만나고, 다양한 경험을 하더라도
결국 시간이 지난 뒤 내 곁에 남아 있는 이들은
나와 비슷한 가치관과 생활 태도를 가진 사람들이면
좋겠다. 결이 맞는 사람이라고 해야 할까?
내 곁에 사람들이 넘쳐나지는 않더라도,
함께 있으면 행복하고 즐거운 이들과 함께 웃고,
울고, 감동하며 우아한 삶을 가꿔가고 싶다.

**What makes
a woman elegant**

Elegance is

**What makes
a woman elegant**

햇살을 닮은 '그라시아스'
유쾌한 '비즈'

———

**It only takes a minute to say Hello,
but it can make a big difference in someones day.**

인사에는 1분밖에 걸리지 않지만,

이것이 누군가의 하루에 큰 차이를 만들 수 있습니다.

_Kate Summers 케이트 서머스

햇살이 가득 내리쬐는 기후에 살고 있어서인지
스페인 사람들에게서는 햇살 같은 명랑함이 느껴진다.
음식의 재료를 계량하는 것처럼 사람의 마음도
계량할 수 있다면 스페인 사람들의 마음은
명랑함이 60% 이상은 차지하고 있을 것만 같다.
그들은 어디서 누구를 만나든 밝은 목소리로
"그라시아스Gracias"라는 인사를 건넨다.
그들의 활기찬 인사를 받으면 내 입가에도 저절로
미소가 번진다. 그리고 나 또한 명랑한 목소리로
"그라시아스"라고 답하게 된다.

프랑스에는 '비즈La Bise' 문화가 있다. 서로 볼을 대고
허공에 가볍게 '쪽' 소리를 내는 볼 인사로, 이것은 순식간에

사람과 사람 사이의 거리를 좁히는 역할을 한다.
비즈 인사의 전통은 두 사람이 공평하게
뺨을 맞대는 것이다. 비즈 인사를 나누면 상대방에 대한
방어벽이 허물어져 더 빨리 친해질 수 있다.
악수가 조금 더 공식적이고 사회적인 느낌이라면
비즈 인사는 더 친밀하고 개인적인 느낌이다.

매장을 방문하는 손님들에게 항상 웃으며
인사를 건네는 것은 나의 오랜 습관이다. 하지만 가끔은
눈을 피하거나 고개조차 끄덕이지 않는 고객들을
만나기도 한다. '눈은 마음의 창, 영혼의 창'이라는 말은
눈을 통해 많은 것을 알 수 있다는 의미일 것이다.
상대방의 마음을 읽는 것까지는 아니더라도,

**What makes
a woman elegant**

눈과 눈을 마주치는 것은 잠시나마 서로의 마음을
나누는 과정이라 생각한다. 엄마와 아기가 서로
피부를 맞대고 눈맞춤을 하는 것이 정서적 교감을
나누는 가장 좋은 방법인 것처럼, 어른들의 인사 역시
"당신에게 호감을 느낍니다." "당신을 경계하지 않습니다."
라는 메시지를 전달하는 가장 좋은 방법일 것이다.
상대방의 눈을 바라보지 않고는
이런 마음을 제대로 전할 수 없다.

예전에 읽은 책에서 '한 사람의 성숙함을 알고 싶다면
그가 평소 인사하는 모습, 다른 사람의 말을 경청하는
태도를 보라'는 글을 읽은 적 있다. 나이가 들어갈수록
이 말이 진리라고 느낀다. 슬픈 일이지만,

**What makes
a woman elegant**

요즘은 말을 잘하는 사람은 쉽게 만날 수 있어도,
잘 듣는 사람은 만나기 어렵다.
다른 사람의 말꼬리를 자르고 자신이 하고 싶은
이야기만 쏟아내는 사람들을 너무 많이 만나서인지,
상대방의 눈을 바라보며 진지하게 경청하는 태도를 지닌
사람이 보석처럼 귀하고 가치 있게 느껴진다.

인사도, 대화도 결국 서로 존중하는 마음을
보여주는 것이다. 친절하고 다정하게 사람을 대하는 것,
눈을 마주치고 정중하게 이야기하는 것,
다른 사람의 이야기에 귀 기울여 주는 것,
이런 태도가 우아함과도 직결된다고 생각한다.
인사에는 단 1분도 걸리지 않지만 이것이 누군가의
하루에, 누군가의 마음에 큰 물결을 만들 수 있다.

Elegance is

눈과 눈을 마주치는 것, 먼저 다정하게 인사를 건네는 것,
상대방의 말을 경청하는 태도에서부터 '관계'는 시작된다.
사소한 것 같아도 한 사람의 이미지를 결정하는 중요한 요소들이다.

019

Elegance is

**What makes
a woman elegant**

행복의 한쪽 문이 닫힐 때

When one door of happiness closes, another one opens;

but often we look so long at the closed door

that we do not see the one which has opened for us.

행복의 한쪽 문이 닫힐 때, 다른 한쪽 문이 열립니다.

하지만 우리는 닫힌 문만 오래 바라보느라

우리에게 열린 다른 문은 보지 못합니다.

_Helen Keller 헬렌 켈러

삶은 때로 뜻하지 않은 불행을 안겨주기도 한다.
나의 실수나 문제가 아닌데도 타인의 의지에 의해 혹은
알 수 없는 힘에 의해 불운을 겪기도 한다.
이럴 때는 한탄하며 절망에 빠지거나 슬픔에 젖어
있기보다는 긍정적으로 생각을 전환하려고
노력하는 편이다. 내 의지와 상관없이 일어날 일은
꼭 일어난다는 것, 억지로 틀어진 일을 바로잡으려고
해봤자 별 의미가 없다는 것을 몇 번의 경험을 통해
깨달았기 때문이다. 불행의 파도가 나를 덮쳐올 때는
파도의 흐름에 유연하게 몸을 맡겨야 한다.
그래야만 좀 더 빨리 파도로부터 벗어날 수 있다.

**What makes
a woman elegant**

파리에서 머물던 집은 고객들을 위한
현지 아틀리에로 꾸밀 예정이다.
힘든 일을 겪었지만,
오히려 그 덕분에 새로운 시도를 할 수 있었다.

**What makes
a woman elegant**

파리에서 살던 집에 도둑이 든 적 있다.

내가 무척 사랑하던 공간이라 충격이 매우 컸다.

어쩌면 이건 오랜 파리 생활을 정리하라는 하늘의

계시일 수도 있다는 생각까지 들었다.

하지만 곧 생각을 바꾸기로 했다. 불행에 빠져 아무것도

하지 않는다면 결국 후회가 남는다. 과거에 매달리기보다

미래를 바라보며 현재에 충실해야 한다.

불행이 닥쳐왔을 때 멈춰서서 후퇴하느냐,

그것을 극복해서 한 걸음 나아가느냐는

결국 내 선택에 달린 것이 아닐까?

행복의 한쪽 문이 닫히면, 다른 한쪽 문이 열린다.

하지만 우리는 닫힌 문만 오래 바라보느라 우리에게

열린 다른 문은 보지 못한다. 불운 앞에서도 생각을
바꿀 수만 있다면 새롭고 기발한 아이디어가 샘솟는
기쁨을 맛볼 수 있다. 파리에서의 사건 이후 한국에
오래 머물면서 여러 가지 새로운 일들을 계획할 수 있었다.
브랜드를 리뉴얼하고 그동안 꿈으로 간직했던 일들을
하나하나 실현하는 기회로 삼았다.
파리에 계속 머물렀다면 절대 시도하지 못했을
일들이 점차 현실로 바뀌었다.

한동안 나를 마음 아프게 했던 파리의 집은
우리 브랜드를 위한 아틀리에로 꾸밀 예정이다.
고객들에게 현지인이 사는 집을 방문하는 색다른 경험을
선사하고 싶어서다. 결국 불운의 기운을 바꾸는 것도

**What makes
a woman elegant**

발상의 전환에서부터 시작된다. 불행이 닥칠 때마다

우리는 하나를 더 배우고 얻는다.

그러니 불행의 파도 속에서도 내게 부족한 것을 깨닫고

채워 넣으며 침착함을 유지하기를,

더 우아해질 수 있기를 바란다.

그리고 불행 이후에 찾아올 행운의 힘을 믿기로 한다.

020

Elegance is

**What makes
a woman elegant**

우연이 가져다준 선물

Don't rush. Just relax.

Enjoy the journey of life.

서두르지 말고, 여유를 가지세요.

그리고 삶이라는 여행을 즐겨요.

_Debasish Mridha 데바시스 므리다

친한 친구와 남프랑스의 소도시,
엑상프로방스Aix-en-Provence로 여름 휴가를
떠난 적 있다. 편하게 여행하기 위해 값비싼 일등석 표를
끊어두었는데, 근처 베이커리에서 빵을 사느라
시간을 허비하는 바람에 막 출발하려는 기차에
허둥지둥 몸을 실었다. 테제베(고속전철)가
길고 큰 데다 무거운 캐리어까지 여러 개 끌었던 탓에
도저히 자리를 찾아갈 엄두가 나지 않았던 우리는
잠시 기차 안의 매점에서 쉬어가기로 했다.
그곳에는 우리 말고도 도란도란 이야기를 나누거나,
와인을 즐기거나, 즐거운 듯 웃고 있는 사람들이 가득했다.
그들을 바라보던 친구는 "프랑스 사람들은
참 유쾌해. 덜컹거리는 기차 안의 매점에서도 마치

**What makes
a woman elegant**

파티라도 열린 것처럼 즐거워하잖아!"라고 말했고,

그녀의 말에 나도 웃으며 고개를 끄덕일 수밖에 없었다.

프랑스 사람들을 바라보면 문득문득 그들이

삶의 매 순간을 온전히 즐긴다는 느낌이 들 때가 있다.

무엇 때문일까 곰곰이 생각해보니 그런 태도도 결국은

'마음의 여유'에서 시작되는 게 아닐까 싶었다.

나도 성격 급한 한국인이라 프랑스 사람들과 함께

일을 하다 보면 가끔은 그들의 여유롭다 못해

살짝 답답한 업무방식에 화가 날 때도 있지만,

그들이 삶을 대하는 태도와 생각 자체는 무척 부럽고

배우고 싶을 때가 많다.

Elegance is

얄미울 만큼 삶의 순간순간을
만끽할 줄 아는 프랑스인들.
늘 바삐 움직이지 않으면 도태될 것 같은
두려움을 느낄 때면
그들을 떠올리며 한 박자 쉬어가려 한다.

**What makes
a woman elegant**

이날 우리는 뭔가에 홀리기라도 한 것처럼

일등석 자리 찾기를 과감히 포기했다.

그리고 매점에 그대로 앉아

목적지에 다다를 때까지 웃고 마셨다.

마음 맞는 친구와 함께 보낸 몇 시간은 편안한

일등석에 앉는 것보다 더 즐거운 추억이 되었다.

아직도 창으로 비쳐 들던 햇살의 작은 조각들과

규칙적인 기차의 움직임, 우리가 나누었던 이야기가

영화의 한 장면처럼 내 마음 한켠에 남아 있다.

여행을 떠나는 바로 전날까지 일에 치여 바빴던 우리는

미리 숙소도 정해두지 못했다. 엑상프로방스에 도착해서야

머물 곳을 찾아보았고, 우리가 우연히 찾은 숙소는

Villa Gallici Relais Châteaux

Add : 18 avenue de la violette, Aix-en-Provence, France

우리가 우연히 찾아낸 보석 같은 숙소이다.
빛으로 가득 찬 넓은 방, 향기로운 비밀 정원, 훌륭한 레스토랑이
이 호텔의 자랑거리이다.

호텔이 아니라 마치 아름다운 저택을 방문한 것처럼
고풍스럽고 아름다운 곳이었다. 프렌치와 이탈리안을
섞어놓은 듯한 인테리어의 부티크 호텔이었는데,
수영장과 룸 또한 크진 않아도 탄성이 절로
나올 만큼 낭만적인 느낌이었다. 저녁 식사로 주문한
코스 요리가 지나치게 천천히 나오는 바람에
요리를 기다리다 꾸벅꾸벅 졸기도 하고,
서로의 모습을 보며 웃음을 터트리기도 했다.

만약 기차를 늦게 타는 바람에 자리를 찾지 못했다고
누군가 짜증부터 냈다면, 일등석에 앉지 못해
돈만 날렸다고 불만을 터트렸다면,
숙소를 미리 구하지 못한 것을 원망했다면, 그날의 여행이
이처럼 천국 같은 시간으로 기억될 수 있었을까?

인생도 이와 같지 않을까? 힘든 순간 화를 내거나

짜증부터 부린다면 자신에게도,

주변 사람들에게도 좋은 영향을 줄 수 없다.

행복도 불행도, 긍정도 부정도 서로에게 전해진다.

순간을 잘 삼키면 의외의 행복이 찾아온다.

그리고 그 순간을 함께 즐기고 웃을 수 있는 사람이

곁에 있다면 더욱 좋을 것이다.

**What makes
a woman elegant**

021

Elegance is

**What makes
a woman elegant**

어제보다 오늘 조금 더

**The way to blow windmill without

wind is to run toward.**

바람이 불지 않을 때 바람개비를 돌리는 방법은

앞으로 달리는 것입니다.

_Dale Carnegie 데일 카네기

어릴 때부터 옷을 무척 좋아했다.

언젠가는 내 손으로 직접 옷을 만들어보고 싶었다.

그러나 결혼과 스페인 이주로 인해 나의 꿈은 꿈으로만

끝나는 것 같았다. 스페인에 온 처음 몇 달간은 향수병을

심하게 앓았다. 한국이 그립고 가족과 친구들이

너무 보고 싶었다. 그러나 인생이 늘 그렇듯,

힘든 고비를 잘 넘기면 멋진 선물이 주어진다.

스페인에서의 생활에 어느 정도 적응하면서 나의

일상을 담은 블로그를 시작했다. 외로움과 무료함을

이겨내기 위해 시작한 블로그에 신기하게도

많은 이들이 방문하기 시작했다. 정말 놀라웠던 건

내가 입은 옷에 관해 질문하는 사람들이 많았다는 점이다.

그래서 내가 거주하던 지역의 로컬 브랜드를

소개하기도 하고, 때론 좋아하는 몇몇 브랜드의 옷을
구매 대행하기도 했다. 이 일을 계기로 한동안
잊고 있었던 오랜 꿈이 수면으로 떠올랐다.

이 무렵 바르셀로나에서 아틀리에를 운영하는
스페인 친구들도 만났다. 그들은 학생들에게 봉제를
가르치기도 하고, 옷을 만들어 판매하기도 했는데,
나는 이 친구들의 도움으로
직접 원단을 사서 옷을 만들기 시작했다.
취미처럼 작게 시작했던 일이 점점 커졌다.
내가 만든 옷에 대한 사람들의 반응은 예상외로 뜨거웠다.
처음에는 한국에 계신 엄마에게 옷을 보내 포장과 발송을
부탁했지만, 결국은 직원을 두는 상황에까지 이르게 되었다.

**What makes
a woman elegant**

나의 오랜 친구가 스페인에 여행을 온 적이 있다.
먼 이국에서의 생활이 너무 힘들어 이대로 친구를 따라
한국으로 돌아가버리고 싶다는 마음도 그땐 분명 있었다.
몇 달 뒤 친구는 한국으로 돌아갔지만,
나는 바르셀로나에 남아 어학원을 다니며
스페인어를 배웠다. 만약 그때의 고비를 이겨내지 못하고
한국으로 돌아갔다면 지금쯤 나는 무엇을 하고 있을까?
물론 내가 브랜드를 론칭하기까지는 운도 따랐지만,
그때의 선택과 결정, 행동이 없었다면 지금의 내가
있을 수 있을까?

내 이름을 건 사업을 시작한 이후,
나의 좌우명은 '어제보다 한걸음 더 나아간 오늘을

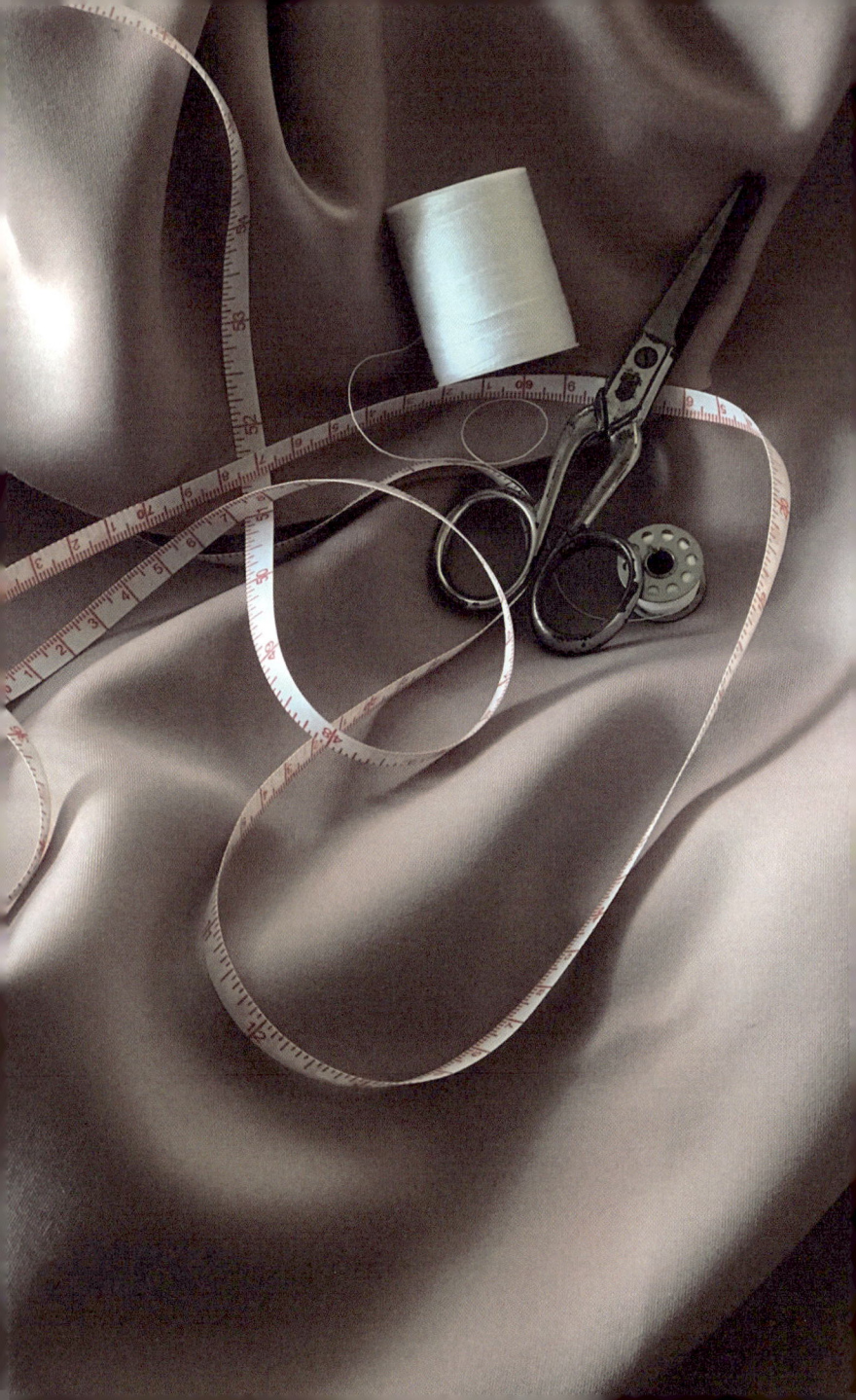

**What makes
a woman elegant**

취미처럼 시작한 옷 만드는 일이
이제는 나의 천직이 되었다.
매일 새로운 옷을 만들듯
새로운 감사가 삶의 구석구석에
채워지길 바란다.

사는 것'이 되었다. 성장하고 발전하지 않으면
도태된다고 생각하기 때문이다. 물이 한 자리에
오랜 시간 멈춰 있으면 고이고 썩는 것처럼 모든 건
자연스럽게 흘러가야 한다. 깊은 산골짜기의
샘물이 부지런히 흐르고 흘러 광활한 바다에 도달하듯,
어제보다 오늘 0.1%라도 더 성장해 있다면 삶의
종착역은 크게 달라질 것이다.

그리고 또 하나, 나를 더욱 발전시킨 것은
'주어진 현실에 대한 감사'였다. 누구든 자기가
좋아하는 일을 할 수는 있지만, 그 일을 통해 많은
이들에게 사랑까지 받을 수 있는 경우는 흔치 않을 것이다.
나의 브랜드를 사랑해주는 고객이 없었다면,

**What makes
a woman elegant**

자기 몫을 충분히 해내는 스태프들이 없었다면,

나 혼자서는 금세 한계에 부딪히고 말았을 것이다.

매일 새로운 옷을 입듯 새로운 감사가 삶의 구석구석에

채워질 수 있기를 바란다.

삶이 당장 바뀌지는 않더라도,

감사를 통해 세상을 바라보는 창문은 더욱 깨끗해지고

세상의 다채로운 빛깔을 더 선명하게 느낄 수 있을 것이다.

022

Elegance is

**What makes
a woman elegant**

생각의 잡초 대신
상상의 꽃 피우기

―――

Your life today is a result of your thinking yesterday.

Your life tomorrow will be determined by

what you think today.

오늘은 어제 생각한 결과입니다.

우리의 내일은 오늘 무슨 생각을 하느냐에 달려 있습니다.

_John C. Maxwell 존 맥스웰

생각해 보면 그동안 나는 무척 운이 좋았고,
내가 사랑하는 일을 할 수 있음에 매일 감사한다.
하지만 한 번씩은 모든 걸 내려놓고 싶거나 변화를
꿈꿀 때도 있다. 이건 나뿐만 아니라 아침에 눈을 뜨면
출근하는 사람들의 숙명과도 같은 마음일 것이다.

남편과 나는 가끔 슬럼프에 관해 이야기한다.
우리가 각자의 일을 더는 지속할 수 없을 정도로
슬럼프에 빠지거나 회의감이 밀려온다면 일단
모든 걸 내려놓고 한 달이든 두 달이든 여행을 떠나자고,
순간적인 감정에 젖어 모든 걸 내팽개치거나
포기하지는 말고 잠깐 일상을 접고 배낭을 메고 떠나
어드벤처를 즐기자고 말이다.

우리의 삶에서 한 달, 두 달은 아주 잠깐일 뿐이니

그 시간만큼은 완전히 다른 세상을 경험해보는 것이다.

'아르헨티나로 갈까? 쿠바로 갈까?' 생각하는 것만으로도

가슴이 뜨거워진다. 삶의 생기를 느낄 수 있는 곳에서

에너지를 얻고 한국으로 돌아와 다시 시작하자고

약속하는 것만으로도 정말 큰 위로가 된다.

언제든 내려놓을 수 있다는 생각이 오히려 현재를

지탱할 힘이 되어주는 것이다.

미래는 내가 바라는 대로 될 수도 있지만,

그렇게 되지 않을 수도 있다. 이왕 상상하는 거라면,

즐거운 쪽으로 생각하는 편이 발전적이다.

사람은 하루에 6~7만 개의 생각을 하는데,

**What makes
a woman elegant**

이 중 90%는 전날 떠오른 것이라고 한다.

만약 그것이 불행, 슬픔, 고통이라면

우리는 과거에 현재의 에너지를 쏟아붓고

있는 셈이다. '녹錄은 쇠에서 나와 쇠를 잡아먹고,

근심은 마음에서 나와 마음을 상하게 한다'고 했다.

우울한 감정에 잡아먹히지 않도록,

때로는 생각을 멈출 필요도 있다.

대신 나의 현재를 지탱해줄

보험 같은 꿈을

하나쯤 만들어보는 것은 어떨까?

Elegance is

시련과 위기가 닥칠 때,
그것을 잘 다뤄내는 사람이 되고 싶다.
불운을 겁내지 않는 것도 중요하지만
행운의 힘을 믿는 것이 더 중요하다.
모든 것을 내려놓고 싶을 땐
곧 다가올 행운을 믿으며 잠시 쉬어가려 한다.

**What makes
a woman elegant**

023

Elegance is

**What makes
a woman elegant**

작고 사소한 것의 아름다움

The best gifts come from the heart,
not the store.

최고의 선물은 마음에서 오는 것이지

가게에서 오는 것이 아닙니다.

_Sarah Dessen 새라 데센

어머니는 꽃과 식물을 사랑하는 분이다.
나의 유년 시절을 생각하면 늘 화분에 물을 주던
어머니의 뒷모습, 갖가지 종류의 식물이 베란다를 푸르게
채웠던 모습이 떠오른다. 어머니의 영향 때문인지,
나 또한 꽃을 무척 사랑한다. 꽃을 사러 가는 것도
좋아하는데, 그날 아침의 기분에 따라 어떤 꽃을 살지
즉흥적으로 결정하는 게 재미있기 때문이다.

맑고 청명한 날엔 상큼한 색의 튤립을,
피곤하고 우울한 날엔 기운을 북돋아 주는
강렬한 붉은색 장미를, 기분전환을 하고 싶은 날엔
풍성한 수국을 산다. 높은 물가로 유명한 파리지만,
신기하게도 꽃만큼은 비싸지 않다.

라울 뒤피Raoul Dufy의 그림처럼
달콤한 색을 자랑하는 길거리 가게의 꽃들.
가끔은 신이 인간을 위로하기 위해
꽃을 만든 게 아닐까 생각할 때도 있다.

Elegance is

**What makes
a woman elegant**

이 꽃 저 꽃을 섞어 꽃다발을 멋지게 만들기보다는

같은 종류의 꽃을 커다란 묶음으로 파는 경우가 많은데,

여러 가지 꽃을 멋지게 섞어보고 싶다면

"선물할 꽃이에요."라고만 이야기하면 된다.

정말 대단한 꽃다발을 원하지 않는 이상,

파리에서는 꽃다발을 만드는 비용이나 포장 비용을

따로 요구하지 않는다. 그리고 특별한 자리나

비즈니스 미팅을 위해 '힘을 좀 준' 멋진 꽃다발을

부탁해도 그 비용조차 꽤 합리적이다.

일상 속에서 작은 감동과 기쁨을 나누는 데 꽃만한 것이

또 있을까. 그래서 쇼룸이든, 사무실이든,

집이든 내가 머무는 공간에는 항상 꽃이 끊이지 않게 한다.

이건 나 자신을 위한 일이기도 하지만,

함께 일하는 스태프들과 쇼룸을 찾는 손님들을 위한

작은 선물이자 배려이기도 하다.

우리 매장에는 '쇼룸 요정'이라 불리는 스태프가 있다.

그녀는 사람을 대하는 태도에 가식이 없고,

상대방을 배려하는 태도가 몸에 밴 사람이다.

그녀의 친절이 진심에서 우러난 것이라는 걸 알고 있기에

함께 일하는 동료든, 매장을 자주 찾는 손님이든

모두 그녀를 사랑한다. 그래서 붙여진 귀여운 별명이

'쇼룸 요정'이다.

오랜 출장을 마치고 파리에서 돌아온 어느 날,

쇼룸 요정이 내게 귀여운 꽃 한 송이를 내밀었다.

그녀가 건넨 꽃을 받아들자, 갑자기 눈물이 핑 돌았다.

빡빡한 일정으로 심신이 무척 지쳐있었던 내게

그녀가 내민 꽃 한 송이가 따스한 위로처럼 느껴진 것이다.

평소 사랑하는 모든 이들과 이런 작은 감동과

기쁨을 나눌 수 있는 여유를 가진다면 얼마나 좋을까.

꽃이 아니어도 상관없다. 누군가와 나누고 싶은 마음을

상대에게 더 자주 전할 수 있다면 우리의 삶은

더 풍성해지고 우아해지지 않을까?

**What makes
a woman elegant**

우리는 모두 남들은 모르는
'각자의 싸움'을 하는 중이다.
'배려'는 힘든 투쟁 중인 우리가
서로를 위해 보낼 수 있는
가장 작지만 아름다운 선물이 될 것이다.

024

Elegance is

**What makes
a woman elegant**

블루의 오묘함에 대해

———

The best color in the world is the one

that looks good on you.

당신에게 가장 어울리는 색깔이

세상에서 가장 아름다운 색깔입니다.

_Gabrielle Chanel 가브리엘 샤넬

프랑스 후기 인상파 화가인 고갱Paul Gauguin은
"색채는 훨씬 더 설명적이다. 시각에 대한 자극 때문이다.
어떤 조화는 평화롭고, 어떤 것은 위로를 주며,
또 어떤 것은 대담하여 흥분을 일으킨다."고 했다.
옷에서도 컬러는 아주 중요한 요소이다.
시각적으로 가장 먼저 와닿으며, 전체적인 분위기와
이미지를 좌우하기 때문이다. 개인적으로 좋아하는 컬러의
조합은 뉴트럴톤이나 웜톤이다. 그리고 나에게 포인트
컬러를 하나만 정하라고 한다면 주저 없이 '블루'를
선택할 것이다. 블루와 골드(베이지, 웜톤)의 매치는
내가 알고 있는 최고의 조합이기 때문이다.
평소 블루 액세서리를 즐겨 착용하는 것도
그런 이유에서다.

**What makes
a woman elegant**

블루는 참으로 오묘하다. 사람들은 보통 블루를
차가운 이미지로만 생각하지만, 블루는 어떤 색을
만나는가에 따라 때론 시원하게도, 때론 따뜻하게도
느껴진다. 또한 사파이어블루, 스카이블루, 아이스블루,
스톤블루, 네온블루 등 셀 수 없이 다양한 색채가 있다.
내가 좋아하는 로얄블루와 코발트블루가 골드나 베이지,
카멜과 만나면 단정하고 시크하면서도 따스함이
배어 나온다. 나는 블루의 이런 의외성을 정말 사랑한다.

각기 다양한 개성을 담고 있으면서도 컬러 조합에 따라
분위기가 달라지는 블루의 성질은 사람과도 닮았다.
겉으로 냉정하고 차가워 보이는 사람도
누구를 만나느냐에 따라 완전히 달라질 수 있다.

**What makes
a woman elegant**

차가움이 희석되며 그 사람의 매력이 더욱 돋보이기도 하고,

잘 어울리지 않을 것 같은 사람과 만나

색다른 조화를 이뤄내기도 한다.

나는 블루와 같은 사람이 되고 싶다.

빛에 따라 깊이에 따라 다양한 컬러를 연출하며,

나 자신이 튀기보다 상대와 조화를 이루어

함께 은은하게 빛나는 사람!

당신은 어떤 색채를 띠는 사람이 되길 원하는가?

Elegance is

025

Elegance is

**What makes
a woman elegant**

옷을 입는다는 것

Fashion is the armor to survive

the reality of everyday life.

패션은 일상의 현실에서 살아남기 위한 갑옷과 같아요.

_Bill Cunningham 빌 커닝햄

025

Elegance is

**What makes
a woman elegant**

원시인들에게 옷은 추위를 막고, 피부를 보호하기 위한 일종의 장치였다. 몇천 년이 흘러 현대인에게 옷이란 어떤 의미일까? 아무리 편한 스타일이 유행이라고 해도 격식을 차려야 하는 자리에 트레이닝 팬츠 차림으로 나가는 이는 드물 것이다.

옷이 인간에게 미치는 영향력은 우리의 생각보다 훨씬 지대하다. 해변에서 수영복을 입었을 때와 사무실에서 팬츠를 입었을 때, 정장을 갖춰 입었을 때 등 옷에 따라 일어나는 행동의 변화는 의식적이라기보다는 무의식적이고 반사적인 것에 가깝다. 결혼식장에서 드레스를 차려입고 뛰어다니는 신부를 볼 수 없고, 멋지게 차려입고 주방에서 밀가루를 치대며 베이킹을 하지 않는 것처럼 옷은 사람의 행동과 일상을 지배하는 중요한 요소가 된다.

19세기 프랑스 사실주의 문학을 대표하는 작가이자
'현대 소설'의 창시자로 평가받는 대문호,
오노레 드 발자크Honore de Balzac(1799~1850)는
《현대 생활의 발견》이란 책에서
'우아하게 사는 법'에 대해 이야기한다.
그중 옷에 관한 이야기를 비중 있게 다룬다.
발자크는 옷과 관련해 꽤 많이 이야기한다.

'유행과 패션은 우아한 삶의 법칙들을 규정하면서
모든 예술을 아우른다'

'옷차림에 대한 무관심은 도덕적 자살이다'

'야만적인 사람은 옷으로 덮고, 부자와 멍청한 사람은 옷으로 치장하고, 우아한 사람은 옷을 입는다'

'옷차림은 과학인 동시에 예술이며,
습관인 동시에 감각이다'

'옷차림은 무엇을 걸치느냐가 아니라
어떻게 걸치느냐에 달려 있다'

'우아함은 옷차림의 세세한 부분에까지 극도로 신경을 기울이는 것이다. 사치의 단순성이라기보다 단순성의 사치라고 할 수 있다'

**What makes
a woman elegant**

약 200년 전의 사람이지만 옷에 대한 통찰만큼은
예리하고 섬세하다. 그때나 지금이나 옷의 상징성이나
영향력이 크게 변했을까 하는 생각을 해본다.
발자크의 말에 더욱 공감하는 것은
내가 옷을 만드는 사람이어서가 아니라 어쩌면 과거에
비해 옷의 영향력이 더 커졌기 때문일지도 모른다.

우아함은 단 한 가지가 아니라 여러 가지 요소의 조화로
형성되는 분위기이지만, '말해봐라, 걸어봐라,
먹어봐라, 옷을 입어봐라. 그러면 나는 네가 누구인지
말해주겠다'라는 발자크의 말처럼 옷은,
말없이도 나를 가장 잘 표현하는 요소일 것이다.

026

Elegance is

**What makes
a woman elegant**

대체할 수 없는 개성

**If a man does not keep pace with his companions,
perhaps it is because he hears a different drummer.
Let him step to the music which he hears,
however measured or far away.**

누군가 동료들과 발걸음을 맞추지 않는다면
다른 북소리에 맞춰 걸어가기 때문입니다.
그가 자신의 박자에 따라 걷게 내버려 두세요.
어떤 노래건, 어디서 들려오든.

_Henry David Thoreau 헨리 데이비드 소로

'개성'이라고 하면 바로 떠오르는 사람이 있다.
바로 배우, '틸다 스윈턴'이다.
《나의 사적인 예술가들》이라는 책에서
윤혜정 작가는 틸다 스윈턴을 '모방불가,
비교불가, 규정불가의 유일무이한 배우'로 정의한다.

틸다 스윈턴은 영화 속에서 독특한 역할을 주로 맡았다.
1인 3역을 맡아 현장의 스태프들조차
그녀가 누군지 알아보지 못했다는 〈서스페리아〉,
툭 튀어나온 앞니와 칼 단발이 인상 깊었던 〈설국열차〉,
대천사장 가브리엘로 변신했던 〈콘스탄틴〉,
400년을 살며 남성과 여성을 오가는 〈올란도〉 등
상상을 뛰어넘는 역할을 맡아 거침없이 망가진다.

**What makes
a woman elegant**

누구도 범접할 수 없는
독특한 개성을 가진 배우, 틸다 스윈턴.
배우 외에도 인권운동가,
노동운동가, 행위예술가로 활동하고 있다.

그런데 그 망가짐 속에 묘한 매력이 있다.
어떻게 망가지든 그녀를 감싸고 있는 우아한 아우라가
느껴진다. 마치 그녀에게 달라 붙어 상쇄되지 않는
부속물 같다고 할까?

틸다 스윈턴은 왕실 작위를 받은,
영국의 명망 높은 가문에서 태어나 전형적인
엘리트 코스를 밟았다. 사회학과 정치학을 공부하며
부조리한 일에는 목소리를 내기도 하고,
예술인으로서 독특하고 실험적인 퍼포먼스를 선보이기도
했다. 또한 자신이 살던 스코티시 하일랜드 지역에서는
교육학자인 루돌프 슈타이너의 가르침을 바탕으로 한
학교를 짓기도 했다. 틸다 스윈턴은

**What makes
a woman elegant**

공정한 세상에 대한 희망, 자연에 대한 존중,
사랑의 필요성에 대한 인식 등을 목표로
적극적인 행보를 이어가고 있다.

179cm의 훤칠한 키에 모델처럼 시원시원하게 뻗은 몸매,
차갑고 도도해 보이는 페이스는 선천적이지만,
늘 새로운 일에 도전하는 열정은 후천적이다.
타인의 시선을 한 몸에 받는 위치에 있으면서도
세상을 주체적으로 살아가는 힘이
그녀만의 독특한 우아함을 만들어내는 건 아닐까.
결국 우아함이란 우리를 둘러싼 모든 것 속에서
우리가 본래 가지고 있는 매력과 취향을
어떻게 발현시키냐의 문제다. 지치지 않고,
요란하지 않게, 한결같이 자신의 길을 주장하며
유쾌하게 걸어가는 그녀를 닮고 싶다.

027

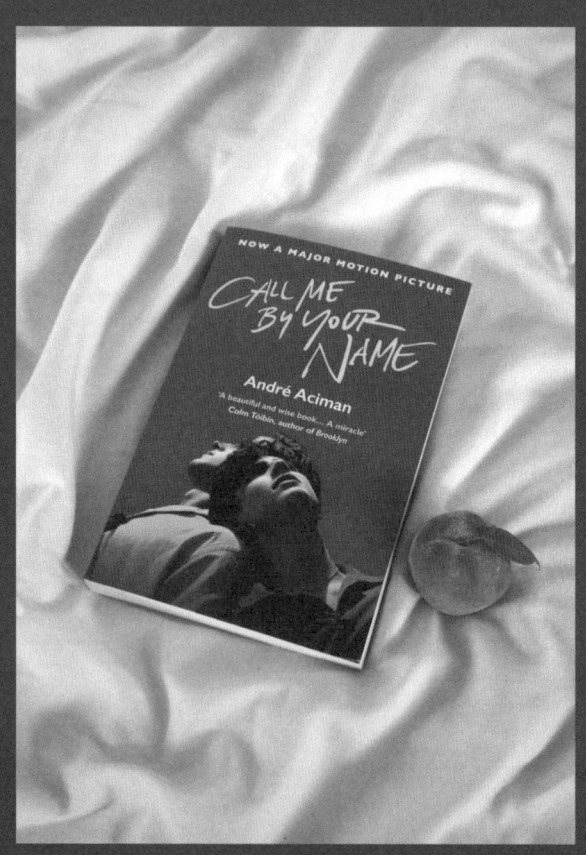

Elegance is

**What makes
a woman elegant**

절제된 표현의 여운

Our hearts and our bodies are given to us only once

and before you know it, your heart's worn out.

Right now, There's sorrow and pain.

Don't kill it, and with it, the joy you've felt.

우리의 몸과 마음은 단 한 번만 주어진단다.

그런데 우리도 모르는 사이에 마음이 닳아 해지고 몸도 그렇게 되지.

그러니 지금의 슬픔, 괴로움을 모두 다 간직하렴.

네가 느꼈던 기쁨과 함께.

_ 영화 〈콜 미 바이 유어 네임〉 중에서

아름다운 것은 눈과 마음을 함께 사로잡는다.
그러나 완벽한 아름다움도 쉽게 싫증날 수 있다.
오랫동안 마음을 움직이며, 질리지 않는 아름다움을
간직하기 위해 필요한 요소 중 하나가 우아함이 아닐까.

내가 하는 일은 인체의 아름다움을 살리는 일이다.
그렇다 보니 아무래도 패션이나 인체의 곡선, 색감,
시각적인 요소들에 관심이 간다. 유럽과 미국 등에서
각색상과 남우주연상을 휩쓴 루카 구아다니노 감독의 영화
〈콜 미 바이 유어 네임 Call Me by Your Name〉(2017)에
눈길을 빼앗긴 것도 인트로에 꽤 오랜 시간 등장하는
우아한 고대 그리스 조각상 때문일 것이다.

**What makes
a woman elegant**

**What makes
a woman elegant**

가족 별장에서 여름을 보내던 열일곱 살 엘리오와
고고학자인 엘리오 아버지의 인턴으로 휴가 겸 일을
돕기 위해 찾아온 스물네 살 올리버의 사랑을 다룬
이 영화는 풋풋한 첫사랑의 설렘을 잘 표현하고 있다.

〈콜 미 바이 유어 네임〉은 은유와 비유가 많은 영화다.
구아다니노 감독이 사랑을 풀어내는 방식과 미장센은
꽤나 매력적이다. 영화의 대부분을 차지하는 별장은
17세기의 건축물로, 구아다니노 감독이 영화 촬영 후
실제로 구입하려 했을 정도로 아름답고 인상적이다.
영화에서는 고풍스러운 가구와 색감이 아름다운
벨벳 의자, 미니멀한 디자인의 빈티지 진공관 라디오,

섬세한 곡선이 돋보이는 벽 조명과
동양적인 예술품이 곳곳에 등장하여
관객의 눈을 즐겁게 한다.

영화는 서정적이다. 풍성한 자연과 아름다운 색감,
참방이는 물방울, 흙길을 달리는 자전거, 오래된 건축물은
마치 낭만을 품은 고즈넉한 이탈리아의 소도시에
직접 초대받은 듯한 느낌을 준다. 구아다니노 감독은
격렬한 감정의 표현 대신 서로를 바라보는 눈길, 짧은 대사,
미세한 손짓, 작은 몸짓 하나로 사랑을 이야기한다.
영화를 관통하는 음악도 스스로를 강조하는 법 없이
피아노의 선율만이 주를 이룰 정도로 단출하다.
뛰어난 영상미와 감각을 뽐내는 영화지만,

**What makes
a woman elegant**

어떤 사람에겐 조금 지루할 수도 있다.
단, 취향이 맞다면 여운이 긴 영화가 될 것이다.

나는 이 영화를 보며 '표현'에 대해 생각했다.
영화는 사랑의 절정에서도, 이별의 슬픔에서도 격렬하게
터지는 법이 없다. 호탕하게 웃는다기보다 미소를 짓고,
통곡하기보다 침묵의 눈물로 슬픔을 표현하는 격이다.
에로틱한 장면 대신 물에 발을 담그고 앉아 서로의 발을
겹치는 것으로 더 농밀하게 사랑을 표현한다.

만약 두 사람의 사랑 표현이 과격했다면, 직설적이었다면
이 영화가 많은 사람의 마음을 움직일 수 있었을까?

영화를 보는 내내 나도 이 영화 같은 옷을

만들고 싶다고 생각했다.

사람의 마음을 서서히 움직일 수 있는 옷, 과하지 않고

군더더기 없이 오랫동안 품위를 지킬 수 있는 옷,

감정을 날 것 그대로 드러내기보다 정제하고

절제해 아름다움을 표현하는

바로 그런 옷을 만들고 싶다.

028

Elegance is

**What makes
a woman elegant**

신념을 가진 자의 아름다움

**Empathy is really important.
Only when our clever brain and our human heart
work together in harmony can we achieve our true potential.**

공감共感이 정말 중요합니다.
우리의 영리한 두뇌와 마음이 조화를 잘 이뤄야
잠재력을 제대로 발휘할 수 있으니까요.

_Jane Goodall 제인 구달

내가 반려견 마틸다, 클로이와 함께한 지도
벌써 6년이 되었다. 처음 반려견을
입양하기까지 망설임이 없었던 것은 아니다.
그러나 막상 함께 살아보니 그들에게 받는 위안과
행복이 예상보다 너무나 컸다. 매일 산책을 시키고,
목욕, 미용, 청소 등 번거로움이 없는 것은 아니지만,
반려견을 통해 얻는 소소한 행복과 기쁨,
즐거움은 말로 다 표현할 수 없을 정도다.

마틸다, 클로이와 함께하면서 동물을 바라보는 시선도
좀 더 신중해진 느낌이다. 그들과 함께 뒹굴며
지내다 보면 인간에게 느끼는 것과는 또 다른 느낌의
'생명에 대한 경외감과 존중'을 경험할 수 있다.

그래서인지 세계적인 영장류학자이자 동물학자,
환경운동가인 제인 구달의 행보에는 항상 관심을 가지는
편이다. 제인 구달은 우리나라를 여러 번 방문했다.
2003년에는 그녀가 전 세계 83개국에서 벌이고 있는
'루츠 앤 슈츠Roots & Shoots(뿌리와 새싹) 운동'을 한국의
어린이들에게 소개하기도 했다.
뿌리는 튼튼한 기초가 되고, 새싹은 약하지만
벽도 뚫을 수 있는 힘을 갖고 있으므로 인간이 만들어낸
모든 환경문제, 사회문제를 극복할 수 있는 방안을 함께
찾아보자는 것이 이 운동의 취지였다.
그녀가 한국 어린이들에게 남겼던
"너희들은 변화를 일으킬 수 있는 중요한 사람이고,
매일매일 뭔가를 실천할 수 있으며 지금도 할 수 있다."는

**What makes
a woman elegant**

메시지는 나에게도 좋은 동기부여가 되어준다.
언젠가는 나 역시 내가 할 수 있는 것을 찾아
생명존중의 메시지를 전하는 일에 동참해보려 한다.

이제 구순을 바라보는 나이지만, 여전히 반백의 머리를
한 가닥으로 질끈 묶고, 동물의 권익과 환경보호를 위해
왕성하게 활동하는 그녀를 바라보면 식지 않는
열정이 무엇인지를 생각하게 된다.
20대의 나이에 아프리카 오지로 떠나 주변의 편견과
멸시를 이겨내고 당당하게
자신의 길을 걸어간 제인 구달.
그녀의 강한 신념은 내 마음을 뜨겁게 달군다.

**What makes
a woman elegant**

거친 밀림 속 바위에 조용히 앉아 침팬지가 다가오기를

기다리고 앉아 있었을 제인 구달을 떠올려본다.

그녀의 트레이드 마크인 반바지 차림으로,

몸에 생채기가 나는 것조차 아랑곳하지 않고

울창한 숲속을 헤쳐나갔을 모습을 상상한다.

기다림과 헤쳐나감은 정반대이다. 정靜과 동動을

오가며 살아간 세월은 세상의 편견에 맞선

고독하고 외로운 길이었을 것이다.

나도 지금의 그녀 나이가 되었을 때 그녀만큼의 신념과

우아함이 깃든 모습으로 나의 길을

걸어가고 있을 것인가.

029

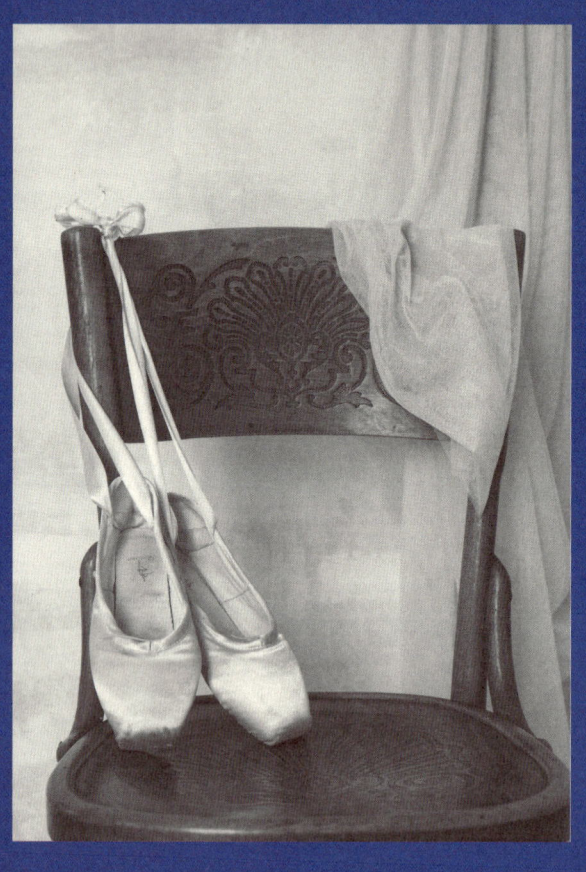

Elegance is

**What makes
a woman elegant**

오늘만 욕심부리는 사람

———

Although the world is full of suffering,

it is full also of the overcoming of it.

세상은 고통으로 가득하지만

한편으로는 그것을 이겨내는 일로도 가득 차 있습니다.

_Helen Keller 헬렌 켈러

평소 일상의 소소한 기쁨, 작은 즐거움을 찾으려고 노력한다.

또한 평범한 나날의 감사함을 잊지 않으려

노력하는 편이다. 그래도 힘든 순간은 예고 없는 손님처럼

불쑥 찾아오고, 앞이 큰 벽으로 막힌 것 같거나

이대로 모든 것이 무너지는 건 아닌지 불안할 때도 있다.

또한 내일의 걱정 때문에 안절부절 못할 때도 있다.

행복이 상대적일 수 있을까?

나보다 상황이 좋지 않은 사람,

어려움을 겪는 사람은 어렵지 않게 찾을 수 있지만,

그렇다고 내가 겪는 아픔의 통증이 줄어들까?

비교를 통해 잠깐 나 자신을 위로하고 격려할 수는 있다.

하지만 불행의 크기는 줄어들지 않는다.

Elegance is

**What makes
a woman elegant**

언젠가 발레리나 강수진의 인터뷰를 읽은 적이
있다. 그녀의 이름 앞에는 '가장 못생긴 발을 가진 사람'
'최고령 발레리나' '세계 5대 발레단의 수석 무용수' 등
여러 수식어가 붙지만, 내가 그녀의
이름 앞에 붙이고 싶은 수식어는 따로 있다.
바로 '오늘만 욕심부리는 사람'이다.
평소 그녀의 이미지를 떠올리면 뚜렷한 목표와 신념을
향해 달려가는 강인한 여성상이 생각나지만,
그녀는 정작 허황되게 꾸는 꿈보다 '오늘만 열심히
살자'는 생각으로 하루하루를 보낸다고 한다.
미래를 걱정하며 힘들어하는 이들에게 건네는
위로 역시 "오늘만 욕심부리세요.
내일 걱정이나 욕심은 접어두고요."이다.

남들보다 훨씬 늦은 열다섯이라는 나이에 발레를
시작해서, 발레단에 들어갈 수 있을 거라
생각하지 못했고 큰 꿈도 없었지만, 그냥 하다 보니
발레에 재미가 붙었고 발전하는 과정을 보람 있게
느끼는 마음이 지금까지도 변함 없다는 그녀이다.

주역이 되거나 최초 혹은 최고가 되겠다는
꿈은 없었지만, '매일의 발전'만은 꿈꿨다고 한다.
'10년, 20년, 30년 뒤에 내가 어떻게 될까' 보다는
'오늘 하루만 열심히 살자'는 생각이 결국
옳았던 것 같다는 그녀의 말이

**What makes
a woman elegant**

ⓒ 문학동네_Photo by 박경인

나에게도 큰 위로가 되었다.
미래를 걱정하며 지금, 이 순간을
괴로움으로 채우는 것보다는 차근차근
할 수 있는 일부터 최선을 다하는 것,
그것이 발레리나 강수진을 통해 배운 오늘의
시련 극복법이다.

**What makes
a woman elegant**

030

Elegance is

**What makes
a woman elegant**

도전하는 우아함, 샤넬

I don't do fashion.

I am fashion.

나는 패션을 하지 않습니다.

내가 바로 패션입니다.

_Gabrielle Chanel 가브리엘 샤넬

현대는 과거에 빚을 지고 있다. 과거 누군가의 투쟁과
노력이 없었다면 지금의 편리한 세상이 있을까?
세상에는 과거든 현재든 멘토로 삼고 싶은 사람이 참 많다.
그중 샤넬도 빠질 수 없는 사람이다.
만약 샤넬이 없었다면 우리는 여전히 가슴 답답한
코르셋을 조이는 동안 기둥을 부여잡고 있거나
드레스 자락을 펄럭이며 지하철 바닥을 쓸고 다닐지도
모른다(노벨상을 두 번이나 받은 퀴리 부인이 드레스를 입고 연구실을
돌아다니는 장면을 떠올려보면 여성들이 얼마나 불편했는지 알 수 있다).
전쟁이 끝난 후 여성들의 사회적 활동이 많아지고
새로운 스타일을 원하는 시대적 열망이 컸던 만큼
샤넬 이전에도 바지를 시도한 여성들이 있었다.
하지만 그들은 모두 대중을 설득하는 데는 실패했다.

흔히 '샤넬 스타일'이라고 하면 트위드 소재의
고급스러운 투피스를 떠올리지만, 현대 여성들이
입는 옷 대부분이 사실 샤넬로부터 시작했다고 해도
과언은 아닐 것이다. 샤넬은 여성들도 바지를 입고
외출할 수 있게 했으며, 치렁치렁한 드레스 대신 활동하기
부담스럽지 않은 짧은 스커트를 선보였고,
검은색 옷이 세련된 일상복이 될 수 있음을 보여줬다.
비즈니스 슈트도 샤넬이 만들어낸 스타일이다.

샤넬은 자유로이 살고 싶어 했던 당시의 여성들이
그러했듯, 부호의 연인으로 지냈으나 그들에게 의지해서
편하게 지내기보다는 스스로 독립하기를 원했다.
누군가에게 종속되기보다 자신의 능력으로 무언가를

**What makes
a woman elegant**

이루고자 했던 것이다.
미니멀리즘의 힘을 알고 있었던 샤넬은
단순성, 실용성, 대중성을 가진 혁신적인 옷을 창조했고,
현대의 스타일을 만들어냈다. 만약 그녀의 신념과 용기가
조금이라도 부족했다면, 시대를 앞서가는 옷을
만들 수 있었을까? 샤넬은 디자이너에게 감각뿐 아니라
철학도 필요하다는 것을 여실히 보여준 것이다.

샤넬의 디자인은 100년이 지난 지금 보아도 전혀
촌스럽거나 어색하지 않다. 단순하고 활동이 편하지만,
여성이 지녀야 할 우아함과 아름다움을 전혀 해치지 않는다.
아름다움을 위해 허리를 조이고, 치렁치렁하게
늘어트리고 장식해야 할 이유가 없음을 보여준다.

**What makes
a woman elegant**

가난한 집안에서 태어나 부모의 보살핌을

거의 받지 못하고 수녀들이 운영하는 고아원에서

컸지만 절망하지 않았고, 남성 중심의 사회에서 결코

움츠러들지 않고 그들과 동등한 입장에 서길 원했던

샤넬은 역사에 이름을 남겼다.

자신의 패션 철학을 당당하게 펼치며

도전과 혁신에 주저하지 않았던 샤넬.

그녀의 혁신과 도전 정신만은 잊고 싶지 않다.

031

Elegance is

**What makes
a woman elegant**

나만의 향기를 찾는다는 것

**Happiness is a perfume you cannot pour on others
without getting a few drops on yourself.**

행복은 내 몸에 몇 방울 떨어트려야만

남에게 묻혀 줄 수 있는 향수 같은 것입니다.

_Ralph Waldo Emerson 랄프 왈도 에머슨

나는 감각이 예민한 사람이다.
가끔은 예민하다는 점이 버겁게 느껴지기도 하지만
어느 순간부터는 나의 이런 특성마저도 마음 편히
받아들이기로 했다. 예민한 사람이 가진 장점도
분명 존재하기 때문이다. 예를 들어, 남들은 쉽게 놓칠 수
있는 작은 디테일까지 챙길 수 있다는 점,
주변 사람의 감정을 민감하게 살필 수 있다는 점 등이다.
어떤 사람들의 눈에는 보이지 않고 느껴지지 않는 것들이
나의 레이더망에는 꽤 잘 잡히는 편이다.

나는 여러 감각 중에서도 특히 향기에 민감한 편이다.
좋은 향기는 기분 전환에 결정적인 역할을 한다.
향기가 상상력을 풍부하게 하기도 하며, 기분 좋은 영감을

주기도 한다. 특히 가게에 들어갔을 때 좋은 향기가
난다면, 그곳에 머무는 동안 내내 기분이 좋다.
또한 그곳에서 산 물건을 볼 때마다
그때 맡았던 향기까지 함께 떠오른다.

어느 날 파리의 니치niche 향수(극소수의 성향을 위한 프리미엄 향수)
브랜드인 '디에스앤더가DS&DURGA'에 우연히 들른
적이 있다. 그때 맡았던 향기가 너무 인상적이었기에
다음 날 한국으로 돌아오는 빠듯한 일정 가운데서도
시간을 쪼개 그곳에 다시 들렀다. 이날 구입한
'버닝 바버샵Buring Barbershop'은 향기가 매우 딥하고 강렬해서
이름처럼 정말 '다 타버린 이발소 같은 느낌'이다.
나는 그날의 스타일에 어울리는 향기를 매칭하는 것을

**What makes
a woman elegant**

좋아하는데, 시크하게 올블랙으로
스타일링했을 때 가장 즐겨 사용하는 향수다.

세상엔 수많은 향기가 있고 나는 그것을 만끽하는 것이
진심으로 행복하다. 그날의 기분과 분위기에 맞춰서
향기를 선택하는 것은 기쁨이다. 누군가는 유난을 떤다고
생각할 수도 있겠지만 나에게는 향기의 레이어링이
옷을 스타일링하는 것 못지않게 중요한 일이다.

평소 어떤 향수를 사용하냐는 질문을 자주 받는다.
하지만 누군가가 추천하거나 인기가 있는 제품보다는
내가 느끼기에 좋은 것, 본능적으로 끌리는 것을
선택하길 추천한다. 같은 옷도 입는 사람과 스타일링하는

031

Elegance is

**What makes
a woman elegant**

방식에 따라 분위기가 다르듯 향기 역시 그렇다.
같은 향수를 뿌려도 사람에 따라 다른 향기가 된다.
그러므로 유행과 브랜드를 따르기보다는
나와 잘 어울리고 내가 좋아하는 것이 정답이다.

향수는 온라인으로 구입하는 것보다는 직접
시향해보거나 테스터를 사용해보고 구입하기를 권한다.
향기에 관한 묘사와 설명은 대부분 추상적이어서 대략
어떤 계열인지 정도는 가늠할 수 있지만 향을
느끼는 사람에 따라 발란스의 정도와 강도가 다르므로
꼭 직접 맡아봐야 한다. 그리고 시간이 조금 지난 후의
잔향까지 꼭 체크해야 한다.

내가 사랑하는 몇 가지 향수를 추천하지만,

그저 참고만 하고 꼭 자신만의 향수를 찾길 바란다.

누구도 따라 할 수 없는 나만의 향과 분위기를

만드는 것도 우아함으로 이어진다.

결국 노력이 필요하다.

**What makes
a woman elegant**

내가 사랑하는 향수

나는 대중적인 향기보다는 호불호가 갈릴 수 있는
다소 하드하며 중성적인 향기를 좋아하는 편이다.
나와 취향이 비슷한 이라면 도전해보길 바란다.

1. 메종 프랑시스 커정Maison Francis Kurkdjian '우드Wood'
2. 킬리안Kilian '다크 로드Dark Road'
3. 톰 포드Tom ford '타바코 바닐라Tobacco Vanille'
4. 바이레도Byredo '슈퍼 시더Supper Cedar'
5. 디에스앤더가DS&DURGA '버닝 바버숍Buring Barbershop'
6. 엑스 니힐로Ex nihilo '부아 디베Bois D' hiver'
7. 세르주루텐Sergelutens '라 꾸쉬 뒤 디아블La Couche De Diable'
8. 엑스 니힐로Ex Nihilo 퍼퓸 드 미스트 '엠퍼사이즈Emphasize'

Elegance is
What makes a woman elegant

초판 1쇄 인쇄 2022년 11월 1일
초판 1쇄 발행 2022년 11월 21일

지은이 도은진
발행인 황혜정
책임편집 한지윤
디자인 ROOM 501
제작 올인 P&B

펴낸곳 오브바이포 Of By For
전자우편 ofbyforbooks@naver.com
팩스 02-6455-9244
출판등록 2017년 9월 19일 제25100-2017-000071호
ISBN 979-11-962055-6-0 (03810)

* 가격은 뒷표지에 있습니다.
* 저작권법에 따라 한국 내에서 보호받는 저작물이므로 무단전재와 복제를 금합니다.
* 이 책의 내용 일부 또는 전부를 재사용하려면 반드시 저작권자와 출판사의 동의를 얻어야 합니다.